Bärbel Wardetzki

Mich kränkt so schnell keiner!

Bärbel Wardetzki

Mich kränkt so schnell keiner!

Wie wir lernen,
nicht alles persönlich
zu nehmen

Kösel

3. Auflage 2002, 19.–26. Tausend
© 2001 by Kösel-Verlag GmbH & Co., München
Printed in Germany. Alle Rechte vorbehalten
Druck und Bindung: Pustet, Regensburg
Illustrationen: Dorothea Cüppers, Kassel
Umschlag: Kaselow Design, München
Umschlagmotiv: ZEFA/Tusch
ISBN 3-466-30569-1

*Gedruckt auf umweltfreundlich hergestelltem Werkdruckpapier
(säurefrei und chlorfrei gebleicht)*

Inhalt

Einleitung 9

Danksagung 13

Veränderung ist möglich 15
Veränderung beginnt bei uns 15
Veränderung geschieht mehrdimensional 18
Vom Nachahmen zur Einsicht 22
Das Paradox der Veränderung 27
   Veränderung heißt nicht, anders zu werden als Sie sind 27
   Der Weg der Veränderung geht über Erleben und Selbstannahme 29
   Solange man ein Symptom bekämpft, wird es schlimmer 30
   Das Ziel der Veränderung ist Ganzheit 31

Erleben von Alltagskränkungen 33
Vor der Veränderung kommt das Erleben 33
Was ist Kränkung? 33
Was kränkt Sie? 36
   Die Situation 37
   Die Menschen 39
   Die persönliche Kränkungsverarbeitung 40

Das Kränkungserleben ... 45

Was fühlen Sie in der Kränkung? ... 46
Wie hängen Bedürfnisse und Kränkung zusammen? ... 48
Sie wollen alles oder nichts ... 51
Sie denken sich kränkbar ... 54
Wie verhalten Sie sich in der Kränkung? ... 59
Auch der Körper ist gekränkt ... 61
Übung »Körperhaltung« ... 61

Das Kränkungserleben hat zwei Dimensionen ... 70
Das Kränkungsmodell ... 76
Was geschieht mit Ihnen in der Kränkung? ... 83

Übung: »Wer bin ich?« ... 86
Übung: Überwindung von Selbst- und Fremdabwertungen ... 92
Übung: Machen Sie sich ein Bild von Ihrer Depression,
Ihrer Aggression und Ihrer Selbstachtung ... 95

Ihr persönliches Kränkungsmodell ... 98
Sie und Ihr gekränktes/kränkbares Gegenüber ... 102

Übung: Die Rolle des Gekränkten übernehmen ... 107

Überwindung von Kränkungen ... 108
Ziele der Veränderung ... 108

Was hindert Sie, Ihre Ziele zu verwirklichen? ... 113

Aus der Kränkung aussteigen ... 115

Entscheidung ... 115
Wie kann die Entscheidung getroffen werden? ... 117
Stellen Sie den Zugang zu Ihren Bedürfnissen und
Gefühlen her ... 118
Zugang zur Selbstachtung und Selbstsicherheit ... 121
Nicht in die Kränkung einsteigen ... 122
Eine Therapiesitzung ... 123

Übungen zur Stärkung der Selbstachtung — 128

- *Opferspiele verändern* — 129
- *Täterspiele verändern* — 132
- *Grenzen ziehen* — 134
- *Stärken in den Schwächen finden* — 137
- *Positive Einstellungssätze* — 140
- *Pluspunkte sammeln* — 143

Lösungsorientiert denken — 145

- *Die Perspektive wechseln* — 145
- *Nachfragen statt Unterstellungen machen* — 146
- *Abwehr vorsätzlicher Kränkungen* — 146

Verhaltensalternativen — 147

- *Modell-Lernen* — 147
- *Unterscheiden zwischen ehemaligen und aktuellen Ereignissen* — 148
- *Welche Verhaltensweisen führen Sie aus der Kränkungsreaktion?* — 150

Körperliche Unterstützung — 152

- *Das bewusste Atmen* — 152
- *Stärkungs- und Ausgleichsübungen* — 153
- *Erdungsübungen* — 158

Erste-Hilfe-Koffer — 159
Versöhnung — 166
Die spirituelle Dimension für die Überwindung von Kränkung — 168

Anmerkungen — 171

Literatur — 173

Einleitung

Prima, Sie haben sich nicht durch die junge Frau auf dem Buchumschlag kränken lassen, obwohl Sie ein *Mann* oder schon *über vierzig* sind. Dieses Buch richtet sich nämlich an alle, die weniger unter Kränkungen leiden und auf ihre Rolle der »beleidigten Leberwurst« verzichten wollen.

Wissen Sie eigentlich, woher der Begriff »Beleidigte Leberwurst« stammt? In der Berliner Morgenpost stand dazu Folgendes: »Die Leber galt in alten Zeiten als Sitz der Lebenssäfte und damit auch der Gefühle, Temperamente und Empfindungen, ja sogar des Gewissens. Man ging davon aus, dass sich Zorn, Ärger, Angst und Groll in der Leber anstauen.« Und mit diesen Gefühlen haben wir es bei Kränkungen ja zu tun. Wenn jemandem »eine Laus über die Leber gelaufen ist«, grollt er und ist im schlimmsten Fall beleidigt.

In meinem Buch *Ohrfeige für die Seele* habe ich ausführlich über dieses Phänomen der Kränkungen und ihrer psychologischen Hintergründe geschrieben. In dem vorliegenden Buch nun will ich noch eingehender die Frage beleuchten, was Sie in aktuellen Kränkungssituationen tun können, um sie zu überwinden.

Das Buch ist für interessierte Menschen geschrieben, die mehr über sich und ihre Kränkbarkeit erfahren wollen und Anregungen für einen konstruktiven Umgang mit Kränkungen suchen. Das Ziel des Buches ist, Kränkungsreaktionen besser zu erkennen und damit leichter zu überwinden.

Eine zweite Zielgruppe sind Selbsterfahrungsgruppen. Die Übungen können von den Teilnehmerinnen und Teilnehmern gemeinsam durchgeführt und ihre Ergebnisse diskutiert werden. Da in Gruppen sehr häufig Kränkungen unter den Gruppenmitgliedern entstehen, können aktuelle Konflikte zwischen den Personen direkt angesprochen und bearbeitet werden. Eine sehr hilfreiche und effektive Art, in der aktuellen Situation zu lernen.

Des Weiteren kann das Buch auch Anstöße für die Psychotherapie geben, da viele Symptome, zum Beispiel Sucht, Depressionen oder psychosomatische Störungen, oftmals einen Kränkungshintergrund besitzen und/oder durch Kränkungen ausgelöst wurden.

Das Buch ist in drei Hauptteile gegliedert: Im ersten Abschnitt erkläre ich, was Veränderung überhaupt ist und auf welche Weise sie stattfinden kann. Keine Sorge, es ist nicht zu theoretisch, sondern bereitet Sie auf Ihre praktische Arbeit im zweiten und dritten Teil des Buches vor. Anhand vieler Übungen möchte ich Ihnen die Möglichkeit geben, Ihre Reaktionen, die in Kränkungssituationen auftreten, bewusst zu machen und zu verändern. Nicht alle Übungen werden für Sie gleichermaßen hilfreich sein, die einen mehr, die anderen weniger. Je nachdem, wo Ihre Hauptprobleme liegen: entweder mehr im Gefühlsbereich oder in Ihrem Verhalten, in Ihrem Denken beziehungsweise in Ihren Gedanken oder auf der körperlichen Ebene. Zu all diesen Bereichen, die natürlich ineinander spielen, gibt es Übungen, die Ihr Erleben vertiefen und Ihre Erfahrungen erweitern können.

Im dritten Teil des Buches geht es vorwiegend um Hilfen, wie Sie sich bei Kränkungen selber unterstützen und Kraft geben können. Die zentrale Frage dabei ist, ob Sie in Ihren Kränkungsgefühlen verharren oder aus der Kränkung »aussteigen« wollen. Sie haben die Macht und fällen die Entscheidung, was Sie tun oder lassen. Wie Sie es schaffen können, Ihre Kränkungsreaktion zu beenden und in Zukunft weniger schnell gekränkt zu reagieren, das zeigen Ihnen die Übungen und Erläuterungen. Und dass das alles auch noch spannend ist und Spaß machen kann, erleben Sie selbst, wenn Sie sich auf dieses Buch einlassen.

Die Bearbeitung der Fragen und Übungen ist so angelegt, dass Sie in die vorgesehenen Freistellen Ihre Gedanken eintragen können. Sollte Ihnen der Platz nicht ausreichen oder schreiben Sie ungern in ein Buch hinein, dann legen Sie sich doch ein spezielles Heft an, in das Sie all das notieren, was Ihnen bei der Bearbeitung einfällt. Auf diese Weise entsteht ein zweites Werk, nämlich Ihr eigenes Buch der Selbsterforschung.

Danksagung

Danken möchte ich allen, die geholfen haben, an dem Entstehen dieses Buches mitzuhelfen und mir mit ihrer Bereitschaft und Unterstützung zur Seite standen. Da sind zum einen die Mitarbeiter des Kösel Verlages, im Speziellen meine Lektorin Dagmar Olzog. Ich habe einmal mehr ihre ruhige und beständige Begleitung geschätzt. Sie schafft es, mir ohne Kränkung zu sagen, was ihr nicht gefällt und freut sich mit mir über das Gelungene. Es macht viel Spaß, mit ihr zusammen Bücher zu machen, da ich mich in meinen Interessen von ihr unterstützt fühle.

Dank gilt auch meiner Mutter, die immer wieder Fehler findet, die sonst alle übersehen und sich an Stellen Gedanken macht, über die ich einfach drüberlese. Ein herzlicher Dank geht auch an Dr. Kathrin Baumann, eine langjährige und von mir sehr geschätzte Kollegin, deren Anregungen und Korrekturen mir nicht nur hilfreich sind, sondern mich gleichermaßen bestätigen und zum Nachdenken bringen. Dr. Bernd Sprenger möchte ich herzlich danken, da er meine Schreibprozesse seit Jahren begleitet. Seine Rückmeldungen und Kritik beim Entstehen eines jeden Buches sind nicht mehr wegzudenken und ich möchte auch nicht auf sie verzichten.

Für das Lesen und Durcharbeiten des Manuskripts danke ich sehr Elke von Streit. Sie hat sich die Zeit genommen, die Übungen auf ihre Effizienz hin zu prüfen und hat mir mit ihren Erfahrungen aus ihrer Lektüre Mut gemacht.

Und da sind all die Menschen, die im ebenso wichtigen Hintergrund für mich da sind, mich spüren lassen, dass sie mich und meine Arbeit schätzen und mir vermitteln, dass es auch ein Leben außerhalb des Arbeitszimmers gibt. Und nicht zuletzt danke ich allen meinen Klientinnen und Klienten sowie den vielen Seminarteilnehmerinnen und -teilnehmern, durch die ich Wesentliches über Kränkungen und deren Überwindung gelernt habe. Viele ihrer Gedanken und Erfahrungen sind in dieses Buch geflossen und können auf diese Weise an andere Menschen weitergegeben werden.

Veränderung ist möglich

Veränderung beginnt bei uns

Die meisten, die dieses Buch lesen, möchten etwas verändern. Sie wollen entweder lernen, weniger gekränkt zu reagieren, oder sie leiden unter ihrem kränkbaren Partner und fragen sich, was sie tun können, um besser mit ihm oder ihr umgehen zu können. Andere wiederum haben das Ziel, nicht so verletzlich zu sein, nicht gleich zu zeigen, wie schwach sie sich fühlen, wenn sie kritisiert oder angegriffen werden. Manche spüren, dass ihre Kränkungswut negative Folgen für ihre Beziehungen hat und möchten sie besser unter Kontrolle bringen. Viele leiden darunter, dass sich ihr Gegenüber nach einer Kränkung der Auseinandersetzung entzieht und sie »im Regen stehen lässt«. Was sollen sie tun, wie können sie die erlittene Kränkung verarbeiten, wenn der andere zu keinem Gespräch bereit ist?

In all diesen Fällen wollen die Menschen etwas »anders machen« oder »anders sein« als sie sind. Sie wissen selbst, dass eine Veränderung ihres seelischen Erlebens und Verhaltens nicht einfach ist, auch wenn sie sie noch so sehr anstreben. Allein der Vorsatz, das nächste Mal anders zu reagieren, hilft selten weiter. Im Gegenteil, je krampfhafter Sie versuchen, anders zu sein, umso weniger erreichen Sie Ihr Ziel. Dasselbe trifft zu, wenn Sie mit aller Kraft Ihr Gegenüber verändern wollen. Sie produzieren damit meist nur Widerstand und verstärken auf diese Weise dessen unerwünschtes Verhalten.

Veränderung bedeutet auch nicht, sich einzureden, dass es Sie beispielsweise nicht mehr stört, wenn Ihr Freund oder Ihre Freundin »dicht macht« und nicht auf das eingeht, was Ihnen im Moment wichtig ist. Sobald Sie Ihre Verletzung und Ihren Ärger verleugnen, können Sie sich ihm oder ihr gegenüber zwar gleichgültig geben, weil Sie nicht mehr bewusst wahrnehmen, wie sehr es Sie trifft. Aber es wäre eine Illusion zu glauben, Sie hätten sich dadurch von Ihren unangenehmen Gefühlen befreit. Diese wirken trotz allem und zeigen sich möglicherweise in Magenschmerzen, Schlafstörungen oder Streitereien in der Beziehung. In Wirklichkeit haben Sie mit der Verleugnung lediglich Ihre Gefühle »maskiert«. Sie müssen sie nicht mehr spüren und zeigen, aber Sie reagieren weder wirklich gelassener noch können Sie sich besser vor Zurückweisungen schützen. Und beides sollte Ziel einer Veränderung sein.

Eine weitere Schwierigkeit im Zusammenhang mit der Veränderung von Kränkungsreaktionen ist die mangelnde Selbstverantwortlichkeit, die wir für unser Erleben übernehmen. Da Kränkungen durch äußere Ereignisse ausgelöst werden, sehen wir die Ursache unserer Probleme konsequenterweise im Außen. Wenn die Welt anders – das heißt besser – wäre oder die Menschen liebevoller mit uns umgehen würden oder es nicht so viel Ungerechtigkeit und Missgunst gäbe, dann hätten wir auch weniger Anlass, gekränkt zu reagieren. Aus diesem Denken heraus geben wir den anderen die Schuld an unseren Kränkungen und hindern uns damit, unsere Kränkbarkeit kritisch zu beleuchten und unser Verhalten zu verändern. Stattdessen könnten zwei Impulse erwachsen: Entweder entschließen wir uns, die Welt und die Menschen zu verbessern, oder wir resignieren vor all der Schlechtigkeit. Beides wird jedoch an unserer Kränkbarkeit wenig ändern beziehungsweise sie schlimmstenfalls noch verstärken. Die Veränderung im Außen kann nie so vollständig sein, dass sie weitere Kränkungen verhindert. Und die Resignation bewirkt lediglich eine Verfestigung unseres unangenehmen Zustands.

Ein veränderter Umgang mit Kränkung kann immer nur in uns und durch uns stattfinden. Nur wir können herausfinden, warum wir so verletzt reagieren, was uns zu unserem Wohlbefinden fehlt und welche Gefühle uns veranlassen, den Kränkenden zu verachten und zu verstoßen.

Bei all der individuellen Verantwortung dürfen wir jedoch nicht vergessen, dass es in unserer Gesellschaft kränkende Strukturen gibt, die uns Menschen entwerten oder sogar demütigen. Gesellschaftliche Diskriminierung erleben beispielsweise Frauen, wenn sie für gleiche Arbeit weniger verdienen oder wenn Menschen aufgrund ihrer Behinderungen oder ihrer anderen Nationalität und Hautfarbe nicht dieselben Chancen haben oder sogar mit Gewalt rechnen müssen.

Sich gegen diese kränkenden sozialen Ungerechtigkeiten aufzulehnen, sie gar zu bekämpfen oder lediglich mit

> **Ein veränderter Umgang mit Kränkung findet in der Hauptsache in uns und durch uns statt.**

ihnen zurechtzukommen, erfordert jedoch auch Selbstverantwortlichkeit im Handeln. Besonders in den Fällen, in denen wir an den Umständen momentan nichts verändern können. Gerade dann müssen wir erst recht dafür Sorge tragen, uns und andere so weit wie möglich vor Verletzungen zu schützen.

Veränderung geschieht mehrdimensional

Veränderungen finden in verschiedenen Bereichen der menschlichen Psyche statt:
a) der kognitiven: der Art, wie wir denken und Schlüsse ziehen
b) der emotionalen: wie und was wir fühlen
c) der körperlichen: dem Erleben unseres Körpers, unserer Bewegungen, Haltung, Mimik, Verspannungen, Atmung etc.
d) dem Verhalten: wie wir mit uns und anderen umgehen, ob wir uns innerhalb der Gemeinschaft bewegen oder uns isolieren etc.
e) der geistig-spirituellen: der Seins- und Sinnsuche.

Probleme durch Kränkungen und Kränkbarkeit bilden sich auf jeder dieser Ebenen ab. Mit Kränkungen sind spezielle kognitive (gedankliche) Prozesse und emotionale (gefühlsmäßige) Reaktionen verbunden. Ebenso reagiert der Körper in Kränkungssituationen auf eine bestimmte Art und Weise und unser Verhalten folgt individuellen Mustern, die im Wesentlichen aus der persönlichen Geschichte eines Menschen und seinen speziellen Erfahrungen resultieren. Wenn Sie erkennen, welche spezifischen Reaktionen bei Ihnen in den vier Bereichen auftreten, dann haben Sie auch die Möglichkeit, sie zu verändern.

Der kognitive Bereich bezieht sich hauptsächlich auf die Art des Wahrnehmens und Denkens. Unsere Vorstellungen, Begriffe, Einstellungen und Urteile, die wir über uns, andere Menschen und die Welt haben, sind aus vergangenen Erfahrungen entstanden und bestimmen unser gegenwärtiges Verhalten und Fühlen. Gehen wir beispielsweise davon aus, dass andere Menschen uns Böses wollen, so werden wir hauptsächlich das Negative an den anderen wahrnehmen und uns in ihrer Gegenwart unwohl fühlen. Wir werden bestimmte Annahmen ausbilden, mit deren Hilfe wir Ereignisse interpretieren. »Wenn jemand z.B. alle seine Erfahrungen unter dem Gesichtspunkt interpretiert, ob er tüchtig und allen Aufgaben gewachsen ist, so ist sein Denken von dem Schema beherrscht: Wenn ich nicht alles perfekt mache, bin ich ein Versager. Folglich fragt er sich, ob er bestimmten Situationen gewachsen ist, auch dann, wenn solche Situationen in keinem Zusammenhang mit seiner persönlichen Tüchtigkeit stehen.«[1]

Die Einstellung zu uns und den Dingen des Lebens prägt das, was wir wahrnehmen und wie wir es werten. Schon der griechische Philosoph Epiktet schrieb vor fast zwei Jahrtausenden im Enchiridion: »Die Menschen werden nicht durch die Ereignisse, sondern durch ihre Sicht der Ereignisse beunruhigt.«

Wenn Sie Ihre mit der Kränkbarkeit verbundenen individuellen Einstellungen und Denkmuster herausfinden, können Sie lernen, Kränkungssituationen anders zu sehen und einzuschätzen, um dadurch womöglich weniger unter ihnen zu leiden.

Im emotionalen Bereich geht es bei Kränkungen um vier Grundgefühle: den Schmerz, die Angst, die Scham und die Wut. Doch statt diese Gefühle wahrzunehmen und ihnen Ausdruck zu verleihen, versuchen wir sie zu verdrängen und ersetzen sie durch Beleidigtsein, übermäßigen Zorn und Racheimpulse. Ebenso verhindern wir zu spüren, was wir brauchen und wovor wir uns fürchten.

Der Körper wird sowohl von unseren Gedanken als auch von unseren Gefühlen beeinflusst und wirkt zugleich auf diese zurück. Nehmen Sie als Beispiel für eine körperliche Reaktion Ihren Atem: Wenn Sie ganz schnell und kurz atmen, dann werden Sie spüren, dass Ihre innere Erregung steigt, Ihre Muskeln sich verspannen und ängstliche Gedanken auftauchen können. Atmen sie dagegen tief und langsam ein und aus, dann werden Sie ruhiger und entspannen sich. Dadurch beruhigen sich meist auch Ihre Gedanken, Ihre Muskeln entspannen sich und Sie werden innerlich zufriedener. Unsere Kränkungsreaktionen sind begleitet von körperlicher Anspannung, einem flachen oder stockenden Atmen, hektischen oder verkrampften Bewegungen und einem Gefühl von erheblichem Unwohlsein.

Das Verhalten im Zusammenhang mit Kränkungen bezieht sich im Wesentlichen auf unser soziales Verhalten, da Kränkungen in der Hauptsache ein Beziehungsgeschehen sind. Alle Reaktionen von Beleidigtsein, Sich-abwenden, Rache, Schreien, Weinen, Schimpfen, Schweigen, »Dichtmachen«, Beziehungsabbruch und Gewalt sind Antworten auf den Kränkenden. Es gibt jedoch als Reaktion auf erlittene Demütigung oder Verletzung auch Verhaltensweisen, die uns selbst schädigen. Darunter fallen alle Suchtexzesse, Selbstverletzungen oder auch Suizid.

Da alle Bereiche, der Körper, die Gefühle, die Gedanken und das Verhalten, zusammenhängen, hat natürlich auch die Veränderung in einem Bereich Einfluss auf die anderen. Wenn wir lernen können, in Kränkungssituationen langsam und tief zu atmen und unsere abwertenden Gedanken über uns und andere zu kontrollieren, dann wird sich sowohl unsere Gefühlslage als auch unser Verhalten ändern.

Die geistig-spirituelle Ebene möchte ich hier nur erwähnen, da es sich nicht um eine psychologische Kategorie handelt, gleichwohl sie großen Einfluss auf unsere Psyche hat und von ihr nicht trennbar ist. Im Sinne von Ganzheitlichkeit, Sinn- und Seinssuche sowie existenzieller Sicherheit steht diese Dimension in engem Zusammenhang mit Kränkbarkeit und ihrer Überwindung. Je sicherer sich ein Mensch in sich und in der Welt fühlt, umso weniger kränkbar wird er sein. Diese Sicherheit hat auch zu tun mit dem Verwurzeltsein in einem Lebenssinn und der Erfahrung von Ganzheitlichkeit und Verbundenheit. Dass all dies nicht durch ein Übungsbuch erlernbar ist, liegt auf der Hand. Sprechen wir jedoch von Versöhnung und Mitgefühl, von Hoffnung und Gelassenheit[2] oder dem Einswerden mit uns und dem, was uns umgibt, dann wird die geistige Ebene am deutlichsten. Auch wenn sie hier nicht explizit zum Thema wird, so durchzieht sie doch unser Denken, Fühlen und Verhalten, ebenso wie unsere Einstellung zu uns selbst und zum Leben.

In die einzelnen Kapitel habe ich Übungen eingefügt, mit deren Hilfe Sie Ihren persönlichen kognitiven, emotionalen und körperlichen Mustern sowie Ihren Verhaltensmustern auf die Spur kommen können. Diese Übungen sol-

> **Veränderungen finden in fünf Bereichen statt: dem kognitiven, emotionalen, körperlichen Bereich, im Verhalten und im geistig-spirituellen Bereich.**

len Ihnen neue Erfahrungen ermöglichen, die Ihnen mehr Einsicht in Ihre Person geben und Sie anregen, über sich nachzudenken. Es ist daher ratsam, die Übungen aktiv durchzuführen, um bestmöglich von ihnen zu profitieren. Um Ihnen den Einstieg in die Übungen zu erleichtern, können Sie die Antworten anderer Menschen auf dieselben Fragen nachlesen. Das allein kann Ihnen Anregungen geben, aber führt nicht zu demselben Resultat wie das Selbermachen.

Einige der Übungen können Sie allein durchführen, andere sind effektiver, wenn sie zu zweit gemacht werden. Mit Ihrem Übungspartner oder Ihrer Übungspartnerin können Sie zudem Ihre Erfahrungen austauschen, sich Rückmeldungen und Unterstützung geben. Das hilft und motiviert beim Lernen und macht Spaß.

Die Übungen sind auch für Therapie- oder Selbsterfahrungsgruppen geeignet, um intensiver mit dem Thema Kränkungen in Kontakt zu kommen. Dasselbe gilt selbstverständlich auch für die Situation in der Einzeltherapie.

Vom Nachahmen zur Einsicht

Wie Sie selber wissen, verändern sich Menschen hauptsächlich durch Erfahrung und Lernen. Neulernen im Zusammenhang mit Kränkungen bedeutet, auf allen vier Ebenen neue Erkenntnisse zu sammeln[3], diese im Alltag anzuwenden, positive oder negative Resultate zu erlangen und auf diese Weise zu einem neuen Verständnis unserer Kränkungsreaktionen und zu neuen Einstellungen uns und anderen gegenüber zu gelangen.

Lernen findet auf unterschiedliche Arten statt. Wir können beispielsweise das Verhalten anderer als Modell für uns nehmen und es nachahmen. Über diesen Weg lernen vorwiegend Kinder, die sich in einer komplexen Umwelt zurechtfinden müssen. Als Erwachsene kann dieses Modell-Lernen beispielsweise in Situationen hilfreich sein, in denen wir die gültigen sozialen Regeln einer Gruppe nicht kennen. Die Orientierung an den anderen hilft unserer Integration. Für das Lernen im Zusammenhang mit Kränkungen bedeutet es wahrzunehmen, wie andere Menschen sich in Situationen verhalten, die bei uns Kränkungsreaktionen auslösen würden. Durch diese Beobachtung wird sich unsere Kränkbarkeit zwar nicht verändern, aber wir erfahren, dass unsere Reaktionsweisen keineswegs die einzigen oder einzig möglichen sind, sondern dass es Alternativen gibt. Durch das Modell der anderen können wir unser Verhaltensspektrum in Bezug auf Kränkungen erweitern.

Eine andere Art des Lernens beruht auf Lob und Erfolg, die wir für das, was wir tun, erhalten. Jedes Verhalten, das belohnt wird, tritt häufiger auf als das, das bestraft oder ignoriert wird. Eine Bestrafung ist nicht immer eine Rüge oder eine Beschimpfung, auch unangenehme Erlebnisse können dazu führen, dass wir etwas in Zukunft seltener tun oder sogar unterlassen. Doch obwohl wir wissen, dass wir uns durch unsere Kränkungsreaktion selbst schaden, wir unsere Beziehungen gefährden oder sie sogar verlieren, greifen wir immer wieder auf dieselben Mittel der Fremd- und Selbstabwertung zurück. Wir beschimpfen uns oder den Kränkenden, wenden uns empört ab, brechen den Kontakt ab und fühlen uns elend. Im Grunde müssten diese Reaktionsweisen bald ausgelöscht sein, weil sie mit starken negativen Konsequenzen belegt sind. Warum das nicht so ist, liegt unter anderem daran, dass Kränkungsreaktionen trotz ihrer unangenehmen Folgen zuerst einmal eine Entlastung für unsere Seele darstellen. Wie an anderer Stelle ausgeführt[4], führen Verletzungen, die wir von anderen erhalten, zuerst zu Ohnmachtsgefühlen und Hilflosigkeit. Unsere Kränkungswut dagegen macht uns handlungsfähig und führt uns aus der Starre heraus. Wir sind nicht länger machtlos, sondern können handeln. Auch der Beziehungsabbruch als Folge der Kränkung wird von uns zuerst weniger in seiner negativen Auswirkung wahrgenommen, sondern hauptsächlich als Schutz vor erneuter Verletzung. Den Verlust des bisher von uns geschätzten Menschen beklagen wir oft erst sehr viel später, wenn die Kränkungsreaktion bereits vorüber ist. Das bedeutet also, dass Kränkungsreaktionen im ersten Moment für unsere Seele entlastende und schützende Funktion besitzen und von daher positiv verstärkt werden, was dazu führt, dass sie immer wieder auftreten. Für eine anhaltende Veränderung müssen wir daher lernen, uns Alternativen zur Kränkungswut und zum Beziehungsabbruch als Entlastung und Schutz zu suchen (siehe dazu die Übungen im dritten Kapitel, *Überwindung von Kränkungen*).

Eine weitere Lernform, die vielen emotionalen Reaktionen zu Grunde liegt, ist die so genannte Konditionierung, bei der Gefühle mit Ereignissen verknüpft werden. So kann beispielsweise die einmalige oder die wiederholte Erfahrung des Schmerzes beim Zahnarzt zur Folge haben, dass wir Angst vor Zahnärzten bekommen und sie in Zukunft meiden. Wir haben Zahnärzte mit der Angst vor dem Schmerz gekoppelt und allein das Denken an sie kann die Angst auslösen. Wir müssen gar nicht real bei einem von ihnen auf dem Stuhl sitzen, um uns zu fürchten.

Solche Verknüpfungen wirken auch bei positiven Erfahrungen. Eine bestimmte Musik kann in uns alte Erinnerungen mit den dazugehörigen Gefühlen heraufbeschwören, weshalb Menschen in Verzückung geraten können, wenn sie ein Musikstück hören, bei dem sie sich verliebt haben oder ihren ersten Kuss bekamen, auch wenn das schon Jahrzehnte zurückliegt. Die Verbindung zwischen dem angenehmen Erlebnis und der Musik bleibt.

Auch im Zusammenhang mit Kränkungen können solche Verknüpfungen eine Rolle spielen. Ein wiederholter strenger und strafender Blick der Mutter, den das Kind als böse und ablehnend erlebt, kann beispielsweise so wirken, dass der später Erwachsene kritische oder unfreundliche Blicke anderer als böse interpretiert und darauf mit Kränkung reagiert. Denn er bezieht sie wie als Kind entwertend und verunsichernd auf sich. In einem solchen Fall können wir unsere Kränkungsreaktionen dadurch verändern, dass wir zwischen den alten Erfahrungen und der heutigen Situation unterscheiden lernen: Der andere Mensch, der vermeintlich so streng schaut, ist nicht die Mutter, die früher strafte, und wir sind nicht mehr das abhängige Kind. Auch kann der Blick des anderen heute eine andere Bedeutung haben als früher der Blick der Mutter. Wir müssen ihn nicht zwangsläufig als Maßregelung oder Entwertung unserer Person interpretieren, denn er kann möglicherweise Ausdruck der momentanen schlechten Laune unseres Gegenübers sein und überhaupt nichts mit uns zu tun haben (siehe dazu die Übung auf Seite 149).

Mitunter erwerben wir neue Erkenntnisse durch reinen Zufall, weil wir etwas ausprobiert haben und plötzlich eine Lösung finden. Gerade bei eher technisch-handwerklichen Vorgängen kann diese Lernform sehr nützlich sein und uns dabei unterstützen weiterzumachen. Für Kränkungssituationen spielt diese Form des Versuch-Irrtum-Lernens kaum eine Rolle, weil die Zusammenhänge hier komplexer sind.

Wenn wir auf einmal merken, dass wir nicht gekränkt sind, obwohl wir es bisher bei ähnlichen Anlässen immer waren, dann ist das weniger Zufall, als mehr das Ergebnis unserer persönlichen Entwicklung und bisherigen Erfahrungen, die, ohne dass wir es uns bewusst vorgenommen haben, plötzlich zum Tragen kommen. Die positive Erfahrung, nicht gekränkt zu reagieren, wirkt ihrerseits verstärkend, es bei nächster Gelegenheit ebenso zu tun. Je bewusster wir uns diese unverhofften Veränderungen machen und je mehr wir verstehen, warum wir uns anders fühlen und verhalten, umso mehr werden sie zu einem festen inneren Bestandteil von uns. Wenn wir sie jedoch lediglich als »reinen Zufall« abtun oder sie gar nicht wahrnehmen, gehen sie uns leicht verloren.

Lernen beruht des Weiteren auf kognitiven (gedanklichen) Prozessen wie Nachdenken, Kombinieren und Schlüsse ziehen, wodurch wir unser Wissen und unser Verhaltensrepertoire erweitern. Besonders bei emotionalen Prozessen spielt Lernen durch Einsicht eine große Rolle. Einsicht bedeutet, dass wir einen Sachverhalt oder einen gefühlsmäßigen Zustand neu erleben, ihn klar erkennen, wo vorher nur Chaos oder Undurchsichtigkeit herrschte. Wir ordnen durch Einsicht unsere Wahrnehmung eines Geschehens neu, sodass es verstehbar und überschaubar und damit auch einer Problemlösung zugänglich wird. Einsicht können wir über Nachdenken erwerben, aber auch über die direkte Erfahrung, die sich nicht nur auf das kognitive Verstehen, das reine Wissen bezieht, sondern auch auf das emotionale Erleben. Einsichtslernen ist ein wesentlicher Bestandteil der Gestalttherapie und -theorie. Durch die Einsicht finden wir Lösungen, die jederzeit wiederholt werden können. Eine Form der Einsicht ist das so genannte Aha-Erlebnis, bei dem uns plötzlich etwas klar wird, uns

»wie Schuppen von den Augen fällt«. Wir haben eine neue Erfahrung gemacht, die unvermittelt, das heißt ohne gezielte Absicht, auftritt und zu einem Bestandteil unseres Erlebens wird. Ganzheitliche Einsichten, die wir sowohl kognitiv, verstandesmäßig, als auch emotional erfahren, sind in der Regel nicht machbar, sondern geschehen in der bewussten Auseinandersetzung mit einem Problem »wie von allein«.

> **Lernen, Einsicht und Erfahrung sind Schlüsselbegriffe für die Veränderung von Kränkungserlebnissen.**

Das Paradox der Veränderung

Ganzheitliche Veränderung ist nicht per Kopfentscheidung herbeizuführen, sie ist im Grunde auch nicht willentlich machbar. »Solange man sie will, kann sie nicht geschehen. Es genügt, bewusst zu erleben, wie ich bin und wer ich bin. Die Veränderung geschieht von selber.«[5]

Das klingt nicht nur paradox, es ist ein Paradox. Was bedeutet das nun konkret für Sie und Ihren Wunsch, sich im Umgang mit Kränkungssituationen zu verändern?

Veränderung heißt nicht, anders zu werden als Sie sind

»Kurz gesagt geht es um Folgendes: Veränderung geschieht, wenn jemand wird, was er ist, nicht wenn er versucht, etwas zu werden, das er nicht ist. Veränderung ergibt sich nicht aus einem Versuch des Individuums oder anderer Personen, seine Veränderung zu erzwingen, aber sie findet statt, wenn man sich die Zeit nimmt und die Mühe macht, zu sein, was man ist; und das heißt, sich voll und ganz auf sein gegenwärtiges Sein einzulassen.«[6]

Anders zu werden, als Sie sind, können Sie gar nicht, denn Sie sind nun einmal die Person, die Sie sind. Was Sie allerdings tun können ist, diese Person vollständig zu werden, so zu sein, wie Sie sind. Und das ist das Wesentliche an der Veränderung.

Vielleicht fragen Sie jetzt: »Ja, ich weiß schon, wie ich bin, nämlich sehr kränkbar. Soll ich nun noch kränkbarer werden oder was heißt, so werden wie ich bin?«

Einfach geantwortet bedeutet es: Sie werden sich verändern, wenn Sie erfahren, wie Sie sind, wenn Sie gekränkt sind, wenn Sie es zulassen, Ihre Kränkbarkeit auf den oben genannten fünf Ebenen zu erleben und zu verstehen:

- wenn Sie Ihre Gefühle spüren, die mit Kränkungen verbunden sind,
- wenn Sie erfahren, wie Sie denken und wie Sie sich anderen und sich selbst gegenüber verhalten,
- wenn Sie herausfinden, mit welchen alten Verletzungen und unverheilten Wunden Ihre aktuelle Kränkung verbunden ist,
- wenn Sie spüren, welche Ängste und unbefriedigten Bedürfnisse in der Kränkungsreaktion zum Tragen kommen und
- wenn Sie spüren, wie Sie verhindern, das zu bekommen, was Sie vom anderen brauchen.

Dieses Verständnis für Sie als gekränktem Menschen führt Sie zu Ihnen. Sie entdecken neue Seiten an sich und vielleicht unbekannte Wege, wie Sie besser mit sich umgehen können.

In der Beratung oder Therapie würde ich Ihnen jetzt vorschlagen, mich anzusehen und langsam zu sagen: Ich bin ein kränkbarer Mensch. Sie wiederholen diesen Satz zwei-, dreimal und spüren, welche Gefühle er in Ihnen auslöst. Wenn Sie sich nicht gegen Ihre Gefühle wehren, dann werden Sie erleben, wie Sie möglicherweise traurig werden oder wütend, oder sich schämen, mir diese Seite von sich zu zeigen. Es können ganz unterschiedliche Gefühle und Impulse auftreten, und Sie kommen in einen intensiven Kontakt mit sich selbst. Darin liegt die Veränderung: Sie müssen nicht weiterhin Ihre Kränkbarkeit wegdrängen oder »wegmachen«, sondern Sie nehmen sie als einen Teil von sich an. Und indem Sie das tun, verändern Sie sich, denn Sie hören auf, sich selbst zu bekämpfen. Das fördert Ihr Verständnis, Ihre Selbstakzeptanz und Ihr Mitgefühl für sich selbst. Beides wird sich positiv auf Ihre weitere Veränderung auswirken.

Der Weg der Veränderung geht über Erleben und Selbstannahme

Veränderung beruht auf dem Erleben und dem daraus sich entwickelnden Verständnis für sich selbst. Wenn Sie erleben, wie es sich anfühlt, ein sehr kränkbarer Mensch zu sein, wie viel Verzweiflung, Einsamkeit und Traurigkeit damit verbunden ist, dann werden Sie Ihre Kränkbarkeit mit neuen Augen sehen.

Veränderung geschieht dadurch, dass wir die Dinge so wahrnehmen und akzeptieren, wie sie sind. Dadurch entwickeln wir mehr Bewusstheit für uns. »Natürlich neigen ...

die meisten Menschen dazu, die Bewusstheit zu vermeiden, wenn das, was im Moment in ihnen vorgeht, unangenehm ist. Sie träumen dann lieber davon, wie sie sein möchten oder quälen sich mit Selbstvorwürfen dafür, dass sie noch nicht so sind, wie sie gerne wären.«[7]

Bezogen auf unsere Kränkbarkeit bedeutet das, dass wir lernen, nicht nur wahrzunehmen, wie und wer wir sind, wenn wir gekränkt sind, also mehr Bewusstheit für uns zu entwickeln, sondern auch, dass wir uns so akzeptieren, wie wir im Moment sind. Statt uns erst dann zu akzeptieren, wenn wir weniger kränkbar sind, können wir lernen, uns einschließlich unserer Kränkungsbereitschaft anzunehmen.

Dieser Gedanke mag für viele von Ihnen fremd sein, denn wie können Sie etwas annehmen, das Sie doch verändern wollen? Es scheint fast ein Widerspruch zu sein, ist aber keiner. Denn wir können zum einen natürlich unsere Kränkbarkeit annehmen und sie trotzdem verändern, und zum zweiten verändert sie sich schon allein dadurch, dass wir sie akzeptieren.

Voraussetzung dafür ist, uns nicht dafür zu entwerten, dass wir unser Ziel noch nicht erreicht haben. Welche Hindernisse auf dem Weg zur Akzeptanz liegen und wie wir sie womöglich verändern können, beschreibe ich immer wieder im Text.

Solange man ein Symptom bekämpft, wird es schlimmer[8]

In dem Maß, in dem wir mit aller Kraft versuchen, unsere Symptome »wegzumachen«, verfestigen wir sie. Jemand, der aufgeregt ist und sich krampfhaft bemüht, es nicht zu sein, wird seine Spannung nicht los, sondern bekommt Magenkrämpfe, Herzrasen oder Zittern am ganzen Körper. In dem Moment, wo er jedoch seine Aufgeregtheit »da sein« lässt, sie registriert, wenn möglich noch ruhig und bewusst atmet und sie sich und anderen gegenüber eingesteht, wird sie anfänglich vielleicht etwas stärker, in der Folge kehrt jedoch Entspannung ein und auf diesem Wege eine Verringerung der Aufregung.

Unser Problem ist, dass wir uns Vorstellungen davon machen, wie wir zu sein haben, unabhängig davon, ob uns dies entspricht oder nicht. Wenn wir beispielsweise von uns fordern, nicht gekränkt zu sein, es aber doch sind, dann laufen wir Gefahr, uns dafür abzuwerten und uns Vorwürfe zu machen. Dadurch wird unsere Gekränktheit sogar noch größer, statt weniger zu werden, wie wir es von uns verlangen. Jedoch, »... in dem Augenblick, in dem man mit sich selbst in Berührung kommt, beginnt das Wachstum, beginnt die Integration, die Sammlung.«[9]

Das Ziel der Veränderung ist Ganzheit

»Ein Mensch, der sich auf der Suche nach Veränderung in Therapie begibt, ist im Zwiespalt zwischen mindestens zwei einander widersprechenden Bestrebungen. Er bewegt sich ständig zwischen dem, wie er meint, sein zu sollen und dem, wie er glaubt zu sein. Dabei identifiziert er sich nie ganz mit einer der beiden Seiten. Der Gestalttherapeut fordert den Klienten auf, sich ganz auf die eine der beiden Seiten zu begeben – immer nur eine zur jeweiligen Zeit.«[10]

Für einen kränkbaren Menschen hieße das, dass er auf der einen Seite spürt, wie empfindlich und verletzbar er ist und dass er sich auf der anderen Seite antreibt, stark und selbstbewusst zu sein, damit ihm keiner etwas anhaben kann. Da er von sich das Bild eines kränkbaren Menschen hat, der sich schützen muss, wird er in der Folge nach außen hin eine starke Seite demonstrieren, um seine innere Verletzlichkeit zu schützen. Dadurch teilt er sich in zwei verschiedene Rollen, die jeweils unterschiedliche Teile seines Selbst repräsentieren. Auch wenn es anders aussieht, diese zwei Seiten haben im Grunde wenig miteinander zu tun, außer, dass sie sich laufend bekämpfen. Der Mensch fühlt sich zerrissen zwischen Verletzlichkeit und Stärke und ist nicht im Gleichgewicht. Stattdessen kostet es ihn viel Kraft, seine Empfindlichkeit unter Kontrolle zu halten. Verändern würde er sich, wenn er sich sowohl mit seiner Verletzlichkeit als auch mit seiner Stärke identifizieren würde und erleben könnte, dass beides zu ihm gehört, dass er beides leben darf, seine Empfindlichkeit nicht etwas ist, das er unter allen Umständen niederhalten muss und seine Stärke nicht das einzige ist, was er zeigen darf. Auf diese Weise würde er auch sein Bild von dem immer kränkbaren Menschen verändern, denn er würde erfahren, dass er ein Mensch ist, der sowohl kränkbar als auch nicht kränkbar ist, der einmal verletzt wird, sich das andere Mal wehren kann. Und das macht einen ganzen Menschen aus ihm, der integriert und vollständig ist.

»Die Erfahrung hat gezeigt, dass Integration eintritt, wenn der Klient sich mit den entfremdeten Fragmenten identifiziert. Folglich kann man anders werden, wenn man – vollständig – wird, was man ist.«[11]

Erleben von Alltagskränkungen

Vor der Veränderung kommt das Erleben

Dieser Abschnitt des Buches bietet Ihnen die Möglichkeit, Ihre persönlichen Erfahrungen in Bezug auf Kränkungen zu vertiefen und bewusst zu machen. Die hier beschriebenen Übungen und Aufgaben können Ihnen helfen, Ihr Verständnis von Kränkungen zu erweitern und Ihre Kränkbarkeit zu verändern. Denn je mehr Sie wissen, was Kränkungen in Ihnen bewirken, mit welchen Themen und Denkmustern sie zusammenhängen und wie all das Ihr Verhalten beeinflusst, umso effektiver gestalten Sie Ihren Veränderungsprozess.

Was ist Kränkung?

Zuerst möchte ich die Frage beantworten, was Kränkung eigentlich ist. Wir sprechen von Kränkung und gehen davon aus, dass jeder weiß, was damit gemeint sei. Doch wenn ich in Seminaren die Frage stelle, was sich jede und jeder einzelne unter Kränkung vorstellt, dann wird deutlich, wie vielschichtig dieses Phänomen erlebt wird. Ja, es kann sogar sein, dass jemand gar nicht wirklich nachvollziehen kann, was Kränkung bedeutet.

Ein Seminarteilnehmer formulierte es folgendermaßen: »Ich konnte mit dem Ausdruck kränken überhaupt nichts anfangen, habe gar nicht verstanden, was der andere meint, wenn er sagt: Du hast mich gekränkt. Erst heute kann ich mich in mein Gegenüber so einfühlen, dass ich eine Ahnung davon bekomme, was in ihm wohl passiert, wenn ich ihn gekränkt habe. Bei mir löst das sofort Schuldgefühle aus: Was hab ich denn gemacht? Ich versuche es abzuwiegeln und etwas zu tun, damit das Gefühl bei dem anderen weggeht.«

Ganz allgemein gilt: Kränkungen sind mögliche Reaktionen auf Ereignisse, die uns verletzen und durch die wir uns zurückgewiesen, ausgestoßen und unwichtig fühlen. Wir erleben uns vom Kränkenden weder respektiert noch wertgeschätzt, angenommen oder verstanden. Daraus resultiert eine tiefe Verunsicherung unserer Person, die sich in Selbstzweifeln und Gefühlen von Ohnmacht, Enttäuschung, Schmerz, Wut und Verachtung ausdrückt, nicht selten gepaart mit Rachegedanken.

Doch nicht alles, was uns kränkt, ist als Kränkung vom Gegenüber auch so gemeint. Mein Nein auf eine Einladung einer Freundin kann sie kränken, für mich jedoch lediglich bedeuten, dass ich keine Zeit habe. In diesem Fall verbinde ich damit keineswegs eine Ablehnung ihrer Person, was aber bei ihr so ankommen kann. Andererseits gibt es auch Angriffe, die den anderen vorsätzlich kränken sollen und darauf gerichtet sind, ihn abzuwerten.

Kränkungssituationen im Alltag sind so vielfältig wie die Menschen, die sie erleben, und ihre Stärke reicht von kleinen Ereignissen bis zu starken Belastungen oder sogar Bedrohungen. Menschen kommen in Seminare oder in die Psychotherapie, weil sie unter den Folgen von Kränkungen leiden und nicht mehr wissen, wie sie mit sich und anderen umgehen sollen.

Wie unterschiedlich Menschen Kränkungen erleben und beschreiben zeigen, die folgenden Aussagen:
- Ich fühle mich ständig vernachlässigt.
- Was hat es mit mir zu tun, dass mein Partner mit spitzen Bemerkungen auf mich schießt? Wie kann ich mich gegen seine Angriffe wehren?
- Wenn mein Freund mich kränkt, reagiere ich mit Verständnis und Rücksicht, aber er ändert sich nicht.
- Ich leide schon mein Leben lang unter drei tiefen Kränkungen, die mit Verlusterlebnissen verbunden sind. Da steigt Gift in mir hoch, wenn ich sehe, dass alle jemanden haben und ich allein bin.
- Ich bin immer so leicht gekränkt, es braucht nicht viel, um mich zu verletzen.
- Ich bin von meinem Mann nun schon einige Jahre getrennt, aber wir leben noch im selben Haus. Ich fühle mich durch diese Situation permanent gekränkt.
- Ich bin vom Leben gekränkt, weil meine Brüder immer alles bekommen haben und es denen viel besser geht. Heute leide ich unter starken Angstzuständen.
- In meiner Beziehung habe ich mich immer abgewertet gefühlt, aber ich konnte trotzdem nicht loslassen.
- Ich bin immer so nachtragend.

Wie würden Sie Ihre Kränkungen beschreiben, unter denen Sie leiden und die Sie verändern wollen?

-
-
-
-
-
-
-
-

Was kränkt Sie?

Was muss passieren, damit ein Ereignis für Sie zur Kränkung wird? Nicht für jeden Menschen bedeuten dieselben Ereignisse eine Kränkung, ebenso wie wir nicht immer auf dieselben Geschehnisse mit Kränkung reagieren. Anscheinend müssen bestimmte Bedingungen gegeben sein, damit ein Ereignis zur Kränkung wird.

Folgende allgemein gültige Aussagen können wir machen:

Die Bedingungen von Kränkungen beziehen sich auf drei Bereiche:
I. Auf die Situation
II. Auf die Menschen, die uns kränken
III. Auf die persönliche Kränkungsverarbeitung

Die Situation

1. Für gewöhnlich erleben wir folgende Situationen als kränkend: Kritik, Zurückweisung, Ablehnung, Ausschluss und Ignoriertwerden. Wir fühlen uns in unserer Person, unseren Handlungen oder unserer Bedeutung für einen anderen Menschen entwertet.

Auch wenn *Kritik* nicht immer eine Kränkung in uns auslösen muss, beispielsweise wenn wir uns unserer Sache völlig sicher sind, berührt sie trotzdem unser Selbstwertgefühl, besonders dann, wenn wir uns unter keinen Umständen einen Fehler leisten wollen oder können.

Zurückweisung und *Ablehnung* sind dadurch charakterisiert, dass wir etwas nicht bekommen oder geben dürfen, was uns jedoch wichtig ist. Beispielsweise erleben wir die Zurückweisung dadurch, dass unsere Liebe nicht erwidert wird, oder wir fühlen uns abgelehnt, wenn wir nicht die Zuneigung erhalten, die wir uns wünschen.

Ausschluss bedeutet, wir gehören nicht dazu, dürfen nicht dabei sein, obwohl wir es uns wünschen oder auch das Recht dazu haben. Das kann von der Bewerbung eines Studienplatzes bis zur sozialen Integration in eine Gesellschaft reichen, die uns verwehrt wird.

Ignoriertwerden bedeutet, dass es uns nicht gibt, obwohl wir da sind. Das ist eine sehr schwere Kränkung, da sie unsere Existenzberechtigung angreift. Diejenigen von Ihnen, die als Kinder mit einer solchen Bestrafungstechnik durch Eltern oder andere Bezugspersonen aufgewachsen sind, kennen die Not und Verzweiflung, die mit dem Ignoriertwerden verbunden ist.

2. Es gibt so genannte *große* und *kleine Kränkungen*, die sich dadurch unterscheiden, dass wir sie schwerer oder

leichter verarbeiten. Je länger wir an einer Kränkung »knabbern«, umso größer ist sie für uns. Wann eine Kränkung schwer wiegend ist, hängt sicherlich von einer ganzen Reihe individueller Faktoren ab. Allgemein können wir jedoch sagen, dass unter die großen Kränkungen der Verlust einer geliebten Person ebenso fällt wie der des Arbeitsplatzes oder der Wohnung. Große Kränkungen sind auch die Zurückweisung unserer Liebe und all jene Ereignisse, durch die unser Wert als Person in Frage gestellt wird oder wir ihn verlieren.

Unter die kleinen Kränkungen fallen beispielsweise Unfreundlichkeiten, Unhöflichkeiten, Belehrungen, Taktlosigkeit, ein vorwurfsvoller Blick oder körperliche Abgewandtheit, ebenso Ironie und witzige Anmerkungen, die jedoch unter bestimmten Bedingungen wie große Kränkungen wirken können.

Bitte überlegen Sie, durch welche Bedingungen Sie sich entwertet fühlen als Person, in Ihren Handlungen und in Ihrem Wert für eine andere Person?

Welche davon erleben Sie als große, welche als kleine Kränkungen?

Ich fühle mich als Person, in meinen Handlungen und meiner Bedeutung für einen anderen Menschen entwertet durch:

Große Kränkungen sind für mich:

Kleine Kränkungen sind für mich:

Die Menschen

Wir sind umso kränkbarer, je bedeutungsvoller die Menschen sind, die uns kränken. Eine große Bedeutung besitzt ein Mensch in der Regel unter zwei Voraussetzungen:

1. Uns steht jemand sehr nah und ist für uns eine Quelle von Liebe, Zuneigung und Unterstützung.

2. Es handelt sich um einen fremden Menschen, der Macht hat, weil sie oder er beispielsweise über unsere berufliche Zukunft entscheidet. In diesem Fall sind wir von ihrer/seiner Entscheidung bezüglich unseres weiteren beruflichen Werdegangs und beruflichen Selbstwertgefühls abhängig. Eine Ablehnung unserer Person kann in einem solchen Fall eine schwer wiegende Kränkung sein. Eine fremde Person kann jedoch auch dann eine große Bedeutung für uns besitzen, wenn wir ihr unbedingt gefallen wollen, da wir uns durch ihre Zuneigung beispielsweise Vortei-

le versprechen. Die Bedeutung der anderen Person wird vorwiegend durch uns bestimmt.

Bitte notieren Sie, welche Personen Sie bisher kränkten und von wem die Kränkung besonders schlimm für Sie war:

Die persönliche Kränkungsverarbeitung

Ob eine Situation für uns eine Kränkung bedeutet oder nicht, hängt davon ab, wie wir sie verarbeiten. Und das wiederum basiert auf drei Bedingungen:

1. Tagesform
Wir reagieren nicht jeden Tag gleich. Je nach den momentanen Umständen fühlen wir uns stark, ausgeruht, seelisch im Gleichgewicht und körperlich fit. Unser Gesamtbefinden hängt nicht nur von unserer seelischen Konstitution ab, sondern auch von unserem körperlichen Befinden. So können nicht nur seelische Belastungen, sondern auch Krankheit, Unausgeschlafenheit oder Schmerzen dazu führen, dass wir uns unwohl fühlen. Und je schlechter wir uns fühlen, umso unsicherer werden wir vermutlich, und umso empfänglicher sind wir dann für Kränkungen. Das liegt da-

ran, dass wir uns in diesen Fällen von der Reaktion anderer stärker abhängig machen und mehr auf die Bestätigung und Hilfe von außen angewiesen erleben. Wenn wir uns dagegen wohl fühlen und selbstsicher sind, können wir uns besser selber unterstützen und anerkennen. Das hat zur Folge, dass uns die fremde Meinung weniger wichtig ist und wir daher auch weniger kränkbar reagieren werden.

Das Gefühl von Selbstsicherheit schwankt und ist nicht immer vorhanden. Wenn Sie jedoch Ihre Selbstsicherheit stärken, werden Sie weniger schnell gekränkt reagieren. Ihre Aufgabe besteht nun darin herauszufinden, wann beziehungsweise unter welchen Umständen Sie sich selbstsicher fühlen und wie Sie sich seelisch und körperlich unterstützen können.

Ich fühle mich selbstsicher, wenn:

Ich unterstütze mich folgendermaßen, um mich selbstsicherer zu fühlen:

Ich tue Folgendes für meine seelische und körperliche Ausgeglichenheit:

Im dritten Kapitel werden Sie noch einige Hinweise bekommen, wie Sie Ihr positives Selbstwertgefühl und ihre körperliche Ausgeglichenheit stärken können.

2. »Wunder Punkt«
Eine Begebenheit wirkt dann kränkend, wenn sie einen »wunden Punkt« berührt, an dem wir empfindlich sind. Dieser hat meist mit vergangenen seelischen Verletzungen zu tun und wirkt wie eine nicht verheilte Wunde, die durch das aktuelle Ereignis aufgerissen wird. Unseren »wunden Punkt« finden wir dadurch, dass wir bei Kränkungen, die uns häufig widerfahren, auf deren Inhalte und unsere Gefühle achten. Wiederholen sich bestimmte Themen bei Ihnen, beispielsweise Kränkungen durch Trennung, die Sie als Verlassenwerden erleben und die mit Verlassenheitsängsten oder Panik verbunden sind, dann könnte es sein, dass Ihr »wunder Punkt« mit Verletzungen zu tun hat, die Sie durch Trennungssituationen davongetragen haben und die nicht vollständig abgeheilt oder sogar noch sehr aktiv sind. An diesem Punkt werden zukünftig Trennungserlebnisse Ihren alten Schmerz und damit verbundene Kränkungen auslösen können. Mit der aktuellen Verletzung spüren Sie zugleich die alten Wunden, was Ihr momentanes Erleben verstärkt.

An welcher oder welchen unverheilten Wunde(n) könnten aus Ihrer bisherigen Erfahrung heraus bei Ihnen Kränkungen ansetzen?

3. Bedeutung der Ereignisse
Ihre Kränkbarkeit hängt auch von der Bedeutung oder Wichtigkeit ab, die Sie den Ereignissen beimessen. Je wichtiger Ihnen etwas ist, umso gekränkter sind Sie, wenn es nicht eintritt oder Sie es nicht bekommen. Wir können auch sagen, je höher Ihre Erwartungen sind, umso eher erleben Sie es als Enttäuschung und Kränkung, wenn sie unerfüllt bleiben. Zu hohe Erwartungen sind daher ein Nährboden für Kränkungen und es ist hilfreich, wenn Sie sie identifizieren und verändern.

a) Welche Erwartungen, die Sie selbst als überhöht einschätzen, haben Sie an andere oder an das Schicksal? Welche Ihrer Erwartungen wurden bisher immer wieder enttäuscht?

Es ist oft schwierig herauszufinden, welche Erwartungen zu hoch und welche angemessen sind. Dafür gibt es auch keinen allgemeinen Maßstab. Überhöhte Erwartungen erkennen Sie unter anderem daran, dass sie trotz all Ihres Strebens nicht erfüllt und immer wieder enttäuscht werden. In diesen Fällen sind Sie womöglich einer Täuschung anheim gefallen. Eine weitere Möglichkeit herauszufinden, ob Sie zu hohe Erwartungen an andere haben, ist, sich in die Situation des anderen hineinzuversetzen und zu spüren, wie sich Ihre Erwartungen anfühlen. Könnten Sie selbst sie erfüllen?

b) Sie sind gekränkt, wenn Sie Ihre eigenen *Erwartungen an sich selbst* nicht erfüllen, indem Sie beispielsweise an Ihre Grenzen stoßen, wahrnehmen, was Sie nicht können, nicht so sind, wie Sie gerne sein wollen. Das nenne ich Selbstkränkung.

Welche überhöhten Erwartungen haben Sie an sich selbst, die Sie kaum oder nicht erfüllen können?

Auch für diesen Fall gilt, dass Erwartungen an Sie dann zu hoch sind, wenn Sie sie trotz aller Bemühungen nicht erreichen oder immer wieder verfehlen. Wenn Sie also immer wieder gekränkt werden. Um herauszufinden, ob Ihre Erwartungen an Sie selbst zu hoch sind, kann es unter Umständen hilfreich sein, andere zu fragen, die bereit sind, Ihnen eine ehrliche Antwort zu geben.

Es scheint für viele Menschen schwierig zu sein, sich ihre zu hohen Erwartungen an sich und andere einzugestehen. Wenn sie das tun, kann es sie möglicherweise beschämen und ihnen deutlich machen, dass sie es ja selbst sind, die diese Erwartungen formulieren und zum Maß aller Dinge erheben. Vielleicht spüren sie auch, dass sie von anderen ebenso viel erwarten wie von sich selbst. Und da wird es zum Teufelskreis: Denn je höher die Erwartungen an sich selbst sind, umso höher sind sie auch an die anderen. Wenn Sie also bei sich »abrüsten«, können Sie auch andere mit gnädigeren Augen betrachten. Denn wenn Sie Ihre eigenen Erwartungen nicht erfüllen können, wie sollen es dann die anderen schaffen?

> **Je stärker ein Ereignis unser Selbstwertgefühl schwächt, je bedeutungsvoller der Mensch für uns ist, der uns verletzt, und je höher unsere Erwartungen sind, die unerfüllt bleiben, umso eher werden wir mit Kränkung reagieren.**

Das Kränkungserleben

Im ersten Kapitel habe ich schon erwähnt, dass sich Kränkungen in mehreren Bereichen unserer Persönlichkeit abspielen: im Bereich der Gefühle, des Denkens, des Körpers und des Handelns. Um Ihre Kränkungsreaktionen besser zu verstehen, sollten Sie sich fragen, wie Sie Kränkungen in diesen Bereichen erleben: Was fühlen Sie in Kränkungssituationen, was oder wie denken Sie, wie reagiert Ihr Körper und wie verhalten Sie sich?

Gewöhnlich achten wir wenig bewusst auf das, was in uns geschieht. Unseren Körper spüren wir meist nur dann, wenn er wehtut. Unsere Gedanken und Wahrnehmungen laufen in der Regel so automatisch ab, dass wir sie kaum registrieren, außer wir erzählen jemandem davon. Meist ebenso wenig bewusst sind uns unsere Gefühle und unser Verhalten. Aus diesem Grund möchte ich Ihnen zunächst etwas Allgemeines zu den Gefühlen, dem Denken, dem Körper und dem Verhalten im Zusammenhang mit Kränkungen erzählen.

Was fühlen Sie in der Kränkung?

Die häufigsten Gefühle in Kränkungssituationen sind Ohnmacht, Minderwertigkeitsgefühle, Racheimpulse, Trotz, Empörung und Wut. Wir erleben uns als Opfer[1] der »bösen« anderen, denen wir ausgeliefert sind. Das sind sozusagen die »Kränkungsgefühle«, die aber eigentlich mehr Zustände sind als Gefühle. Denn sie sind im Wesentlichen durch unsere Gedanken und Einstellungen geprägt. Zum Beispiel können wir nur Minderwertigkeitsgefühle spüren, wenn wir schlecht über uns denken, und Ohnmacht ist im Weitesten eine Folge der Vorstellung, dass wir nichts ausrichten können, hilflos und schwach sind.

Demgegenüber stehen die »echten« Gefühle, von denen es im Zusammenhang mit Kränkungen vor allem vier sind: Schmerz, Angst, Scham und Wut. So genannte »echte« Gefühle unterscheiden sich von Zuständen hauptsächlich dadurch, dass sie nie so lange und gleich bleibend bestehen, sondern eher wellenartig ablaufen: Sie steigen auf, sind mehr oder weniger intensiv da und schwächen sich wieder ab, bevor sie nach einiger Zeit erneut hochkommen.

Die Wut wird zweimal genannt, einmal im Zusammenhang mit den Kränkungsgefühlen und einmal mit den »echten« Gefühlen. Im ersten Fall ist es die von mir so genannte »Kränkungswut«, die wie die Rache mehr auf Verletzung und Zerstörung ausgerichtet ist. Im zweiten Fall ist es eine Wut, die Grenzen setzt und die Person vor Verletzungen und Übergriffen bewahrt. Sie will nicht primär das Außen zerstören, sondern das Innen schützen.

Kränkungen zeichnen sich nun dadurch aus, dass wir es vermeiden, unseren Schmerz, unsere Angst, unsere Scham und unsere Wut zu spüren und stattdessen in eine Opferhaltung gehen oder in blinder Wut um uns schlagen. Wir vermeiden unsere Gefühle entweder deshalb, weil wir nie gelernt haben, mit ihnen umzugehen oder weil wir Angst haben, sie zu spüren. Wir könnten womöglich von ihnen überrollt werden und uns dann noch handlungsunfähiger oder noch ohnmächtiger fühlen, als wir es ohnehin schon tun. Doch das Gegenteil ist meist der Fall. Unsere Gefühle können, wenn wir sie einmal kennen gelernt haben, eine Quelle der Kraft sein: wenn wir statt uns gekränkt zurückzuziehen wahrnehmen, was in uns vorgeht und wir danach handeln. Wir müssen unsere Gefühle nicht jedem gegenüber ausdrücken, aber zumindest uns selbst eingestehen. Dann haben wir eher die Kraft, uns zu wehren, die uns fehlt, wenn wir beleidigt »unsere Kränkungswunden« lecken. Nehmen wir in einer Kränkungssituation unsere Gefühle wahr, dann sind wir nicht gekränkt, sondern ängstlich, traurig, wütend oder beschämt. Und das ist etwas anderes. Wir haben dann viel bessere Möglichkeiten, angemessen auf den Kränkenden zu reagieren, indem wir spüren, was wir brauchen, um unser Selbstwertgefühl zu stärken.

Mithilfe der folgenden kleinen *Vorstellungsübung* möchte ich Ihnen die Möglichkeit geben, zu erfahren, was gemeint ist:

Stellen Sie sich bitte eine Kränkungssituation so plastisch wie möglich vor, so als würde sie gerade jetzt geschehen. Erinnern Sie sich daran, wie Sie sich damals in dieser Situation verhalten haben, was Sie fühlten und dachten. Betrachten Sie die vergangene Szene und versuchen Sie herauszufinden, welche Gefühle Sie damals nicht ausgedrückt haben, sondern sich stattdessen verletzt zurückzogen oder um sich schlugen. Was wäre geschehen, wenn Sie Ihre »echten« Gefühle wahrgenommen und ausgedrückt hätten? Hätte sich dann auch Ihr Verhalten geändert? Hätten Sie sich dadurch besser vor weiteren Kränkungen schützen können? Stellen Sie sich nun vor, Sie teilen der Person, die Sie damals gekränkt hat, Ihre Gefühle mit. Wie erleben Sie das? Wie verändert sich der Ablauf der Szene? Stärkt dieses Verhalten Ihre Selbstachtung und Selbstsicherheit? Verändern sich dadurch Ihre Kränkungsgefühle?

Wie hängen Bedürfnisse und Kränkung zusammen?

Die Dimension der Bedürfnisse ist bisher noch nicht angesprochen worden, sie hat jedoch eine entscheidende Bedeutung für unser Leben und die Überwindung von Kränkungen. Im Zustand der Kränkung spüren wir unsere Bedürfnisse in der Regel nicht mehr. Wir wissen nicht, was wir brauchen, damit es uns besser geht und wir das bekommen, was uns durch die Zurückweisung vorenthalten wird. Statt uns Zeit zu lassen, um zu spüren, welche Bedürfnisse unbefriedigt geblieben sind, konzentrieren wir uns auf unser kränkendes Gegenüber und bekämpfen es oder versinken in Ohnmacht und Opfergefühlen. Dadurch finden wir jedoch zu keiner Lösung. Wir bleiben im Zustand des Unbefriedigtseins und leiden, weil wir uns nicht klarmachen, was wir »eigentlich« brauchen. Je mehr wir jedoch in Kontakt mit unseren Bedürfnissen kommen und erkennen, was uns fehlt, umso eher können wir uns das holen, was uns durch die Kränkung verloren gegangen ist oder vorenthalten wurde.

An einem Beispiel möchte ich deutlich machen, was ich meine:[2]

Eine Frau lädt Freunde zu einer Ausstellung ein, in der neben vielen anderen Werken auch Bilder von ihr hängen. Sie ist sehr gespannt über die Reaktion ihrer Freunde und erwartet sie sehnsüchtig. Diese kommen, doch es entsteht durch ein Ereignis eine so lebhafte Diskussion unter ihnen, dass keiner auf ihre Bilder achtet. Sie könnte dadurch nun ernstlich gekränkt sein, da sie stolz ist, ausstellen zu können, sie viel Arbeit in die Bilder investierte, ihr diese sehr gut gefallen und ihr das Lob der Freunde äußerst wichtig ist. Ihre Kränkungsreaktionen könnten entweder sein, sich beleidigt abzuwenden, einen Streit anzuzetteln oder so zu tun, als sei nichts, es den anderen aber später heimzuzahlen.

Sie hätte jedoch auch die Möglichkeit, sich anders zu verhalten. Sie könnte aktiv dafür sorgen, dass ihr Wunsch nach Anerkennung ihrer Bilder erfüllt wird, indem sie die anderen direkt anspricht: »Da diskutiert ihr so wild herum und übersieht bei alldem meine Bilder. Nun kommt mal und schaut sie euch an.« Oder sie könnte sich selbst in die Diskussion mit einbringen und auf diese Weise Aufmerksamkeit bekommen. Sie könnte auch ihre Kränkungsgefühle an der Realität prüfen und fragen: »Sagt mal, interessieren euch meine Bilder gar nicht?« Wie auch immer, sie hätte mehrere Möglichkeiten, sich zu verhalten, unter denen sie eine auswählen könnte. Diese Flexibilität würde ihr helfen, ihre Kränkungsgefühle zu überwinden und am Ende das zu bekommen, was sie braucht: die Aufmerksamkeit der Freunde und das Lob für ihre Bilder. Diese Flexibilität beinhaltet ein selbstverantwortliches Verhalten, nämlich die aktive Entscheidung, nicht in das beleidigte Gekränktsein zu gehen und aus der Verletzung heraus zu reagieren, sondern sich konstruktiv auf die anderen zu beziehen und selbstbestimmt zu handeln. Das setzt eine gewisse emotionale Reife voraus, die, wenn sie fehlt, in der Therapie erlernt werden kann.

Wenn Sie Kränkungen einmal unter dem Aspekt der unbefriedigt gebliebenen Bedürfnisse betrachten, können Sie daraus Handlungsstrategien ableiten, wie Sie zu einer Befriedigung gelangen können und damit die Kränkung überwinden.

Zuvor jedoch noch einige allgemeine Gedanken über Bedürfnisse. Neben Nahrung, Obdach und Sexualität gibt es eine Reihe menschlicher Grundbedürfnisse, deren Befriedigung die Grundlage unseres Wohlbefindens bedeuten. Das sind Bedürfnisse nach:

- Beziehung und sozialer Bindung
- Sicherheit
- Etwas zu bewirken, Kontrolle über eine Situation zu besitzen
- Neugier
- Sinn
- Lust und Freude
- Das Gefühl, sich wertvoll und positiv zu erleben

Werden diese Bedürfnisse oder einige von ihnen nicht ausreichend befriedigt, führt das zu psychischen und psychosomatischen Krankheiten und einer erhöhten Kränkbarkeit.

Subjektiv erlebt werden diese Bedürfnisse beispielsweise als Wunsch nach:
- Dazugehören
- Schutz
- Gehört und ernst genommen werden
- Antworten bekommen
- Verständnis
- Anerkennung
- Gelobt werden
- Geliebt werden

Sie wollen alles oder nichts

Die Bedürfnis-Befriedigungs-Dynamik bei Kränkungen folgt dem Alles-oder-Nichts-Prinzip. Das kennen Sie wahrscheinlich auch von sich: Sie bitten jemanden um etwas und fühlen sich zurückgewiesen, wenn Sie Ihren Wunsch nicht gleich, überhaupt nicht oder nicht in der von Ihnen gewünschten Weise erfüllt bekommen. Nach dem Motto: Entweder Sie kriegen das, was Sie sich vorstellen, oder Sie wollen gar nichts. Gekränkt wie Sie nun sind, ziehen Sie sich innerlich und vielleicht auch äußerlich zurück und verschließen sich Ihrem Gegenüber. Im Zuge der Kränkung beginnen Sie nun, einerseits die Erfüllung Ihres Wunsches abzuwerten, indem Sie sich sagen: »Ach, ist ja nicht so bedeutend, ich mach das schon allein.« Andererseits nehmen Sie von Ihrem Gegenüber auch nichts anderes an, weil es ja nicht das ist, was Sie ursprünglich wollten. Am Ende gehen

Sie leer aus, ärgern sich über den anderen und fühlen sich in Ihrer Einstellung bestätigt: »Nie kriege ich das, was ich will und brauche.«

Damit jedoch nicht genug. Das nächste Mal, wenn Sie wieder jemanden um etwas bitten, werden Sie womöglich vorsichtiger sein und Ihren Wunsch dementsprechend zögerlich oder unklar formulieren, auf jeden Fall so, dass die Wahrscheinlichkeit, ihn erfüllt zu bekommen, abnimmt. Passiert das häufiger, werden Sie immer mutloser und verlernen allmählich, auf konstruktive Weise Ihre Wünsche zu benennen oder werten Sie schon im Vorhinein ab, bevor Sie sie überhaupt ausgesprochen haben. Die Vorstellung, Ihre Wünsche vermutlich wieder nicht erfüllt zu bekommen, verhindert jeden konstruktiven Impuls, darum zu bitten oder sogar darauf zu bestehen. Im Laufe der Zeit werden Sie immer zögerlicher im Ausdrücken Ihrer Wünsche, zugleich aber auch immer anspruchsvoller, da Sie ja bisher »leer« ausgegangen sind.

Zögerlichkeit im Ausdruck und hoher Anspruch auf Befriedigung bilden eine unheilvolle Allianz, weil sie nicht zusammenpassen und unweigerlich in Manipulation oder Vorwurf enden. Manipulation heißt, jemanden mit subtilem oder starkem Zwang und ohne Rücksicht auf dessen eigene Interessen in eine bestimmte Richtung zu drängen. Sie gewinnen damit zwar das Gefühl, Kontrolle und Macht zu besitzen, riskieren aber im Grunde, dass sich Ihr Gegenüber Ihrem Einfluss entzieht und sich verweigert. Im Gegensatz zur Vorwurfshaltung, in der Sie der anderen Person Ihre Enttäuschung und Wut über ihr Fehlverhalten oft lautstark »an den Kopf« werfen, spüren Sie häufig nicht, wenn Sie manipulieren. Sie merken es meist erst an der Reaktion Ihres Gegenübers, das sich seinerseits verärgert, gekränkt oder enttäuscht abwendet.

Der Hauptmechanismus bei Manipulation ist der, Ihrem Gegenüber Schuldgefühle zu machen, wenn es nicht so ist, wie Sie es gerne hätten: »Weil du mir nicht gibst, was ich brauche, leide ich.« In der Regel ist es schwer, nicht auf Schuldgefühle von anderen zu reagieren. Übernehmen Sie sie jedoch, sitzen Sie »in der Falle« und leiden. Und dabei wäre es ursprünglich »nur« darum gegangen, die eigenen Wünsche mitzuteilen.

Um *Manipulation* und *Vorwurf* zu verhindern hilft zweierlei: Drücken Sie Ihre Wünsche und Bedürfnisse aus, denn auch Sie sind dazu berechtigt, sie direkt mitzuteilen anstatt sie sich über Manipulation indirekt erfüllen zu müssen. Je berechtigter Sie sich fühlen, umso weniger werden Sie die Nichterfüllung Ihrer Wünsche als Zurückweisung und Kränkung erleben. Sie müssen dann ein Nein nicht gegen Ihre Person gerichtet erleben, sondern können es beispielsweise als Folge der widrigen Umstände oder der Unlust des anderen hinnehmen. Auch werden Sie erfahren, dass ein Nein Sie nicht innerlich zerstört und dass Sie darauf vertrauen können, genug zu bekommen, wenn Sie offen sind. Denn mitunter erhalten wir das, was wir uns wünschen, nicht von den Menschen, von denen wir es erwarten, sondern von anderen. Oder wir bekommen etwas anderes, als wir erwartet haben. Wenn wir also annehmen, was uns unser Gegenüber zu geben gewillt ist, auch wenn es nicht das ist, was wir uns vorstellten, werden wir allmählich »satt« und können auf unseren überhöhten Anspruch verzichten.

> **Es ist genügend für uns da, wir müssen nur verstehen, es zu nehmen.**

Sie denken sich kränkbar

1. Unterstellungen
Kränkungen basieren nicht selten auf unüberprüften Vorstellungen, die wir uns über die »bösen« Absichten eines anderen Menschen machen. »Er tut das nur, um mich zu verletzten.« »Sie weiß doch genau, dass ich an diesem Punkt empfindlich bin, warum tut sie das? Das ist doch pure Gemeinheit.« »Der kann mich bestimmt nicht leiden, sonst würde er nicht so schauen.«

Eine Unterstellung ist eine unbewiesene Feststellung über einen anderen Menschen, sein Verhalten oder seine Einstellung und kann, muss aber nicht der Wahrheit entsprechen. Wir Menschen tendieren relativ schnell dazu, Unterstellungen vorzunehmen und sie für wahr anzuerkennen. Aus unserer Sicht kann es nicht anders sein, also ist es so. Wir verhalten uns dabei so wie der Mann in der Geschichte mit dem Hammer von Paul Watzlawick[3]:

»Ein Mann will ein Bild aufhängen. Den Nagel hat er, nicht aber den Hammer. Der Nachbar hat einen. Also beschließt unser Mann, hinüber zu gehen und ihn auszuborgen. Doch da kommt ihm ein Zweifel: Was, wenn der Nachbar mir den Hammer nicht leihen will? Gestern schon grüßte er mich nur so flüchtig. Vielleicht war er in Eile. Aber vielleicht war die Eile nur vorgeschützt, und er hat etwas gegen mich. Und was? Ich habe ihm nichts angetan; der bildet sich da etwas ein. Wenn jemand von mir ein Werkzeug borgen wollte, *ich* gäbe es ihm sofort. Und warum er nicht? Wie kann man einem Mitmenschen einen so einfachen Gefallen abschlagen? Leute wie dieser Kerl vergiften einem das Leben. Und dann bildet er sich noch ein, ich sei auf ihn angewiesen. Bloß weil er einen Hammer hat. Jetzt reicht's mir wirklich. – Und so stürmt er hinüber, läutet, der

Nachbar öffnet, doch noch bevor er ›Guten Tag‹ sagen kann, schreit ihn unser Mann an: ›Behalten Sie sich Ihren Hammer, Sie Rüpel.‹«

»So was mache ich nicht«, werden Sie vielleicht jetzt sagen, »das ist doch total überzogen.« Wirklich? Schön wär's, doch es kommt sehr viel häufiger vor, als Sie denken. Denn ganz oft sind wir gekränkt, weil wir gedanklich vorwegnehmen, dass ein anderer uns etwas nicht gibt, uns ablehnt oder negativ bewertet. Oder dass er Dinge tut, nur um uns zu ärgern oder zu schädigen.

So berichtete mir die Klientin Monika von ihrer Auseinandersetzung im Büro mit ihrer Kollegin Rita. Sie hatten sich bisher gut verstanden und vertrauten einander. Eines Tages erfuhr Monika, dass Rita ein intensives Gespräch mit ihrem gemeinsamen Chef hatte, von dem sie Monika nichts erzählte. Monika war zutiefst getroffen, fühlte sich verraten, ausgeschlossen und warf Rita vor, sie zu betrügen und ihr in den Rücken zu fallen. Denn es schien so, als wenn in diesem Gespräch Weichen für ein neues Projekt gestellt worden seien. Monika sah es als Verrat an, nicht daran beteiligt zu werden und erwartete von Rita zumindest eine Mitteilung, da sie ja bisher auch alles miteinander besprochen und beratschlagt hatten. Da sie von Rita nichts erfuhr, verlor Monika das Vertrauen zu ihr, machte ihr vehemente Vorwürfe und kündigte ihr die Freundschaft auf. Daraufhin war Rita nun ihrerseits gekränkt und fühlte sich unverstanden. Sie begriff nicht die Destruktivität von Monikas Reaktion und war zutiefst verletzt. Die nächsten Monate gingen beide sehr distanziert miteinander um und konnten trotz einiger Gespräche ihren Streit nicht schlichten. Und es kam noch heftiger, da nun jede das Verhalten der anderen beobachtete und sofort gegen sich gerichtet erlebte. Brachte Monika stark duftende Lilien mit ins Büro, interpretierte Rita das als Angriff: »Die weiß doch, dass ich diese Blumen nicht riechen kann.« Umgekehrt fühlte sich Monika persönlich angegriffen, wenn Rita morgens später kam. »Das macht sie nur, damit ich alle Arbeit am Hals habe«, dachte sie. Goss Monika die Blumen, glaubte Rita, sie ertränke sie, goss sie die Blumen nicht, war es eine Verweigerung der gemeinsamen Pflichten. Wollte Rita lieber Tee statt Kaffee trinken, war das ein Affront gegen das gemeinsame Mittagsritual, brachte sie Monika den Kaffee ins Büro, fühlte diese sich bedrängt und lehnte ihn ab.

Es war eine Kette von gegenseitigen Unterstellungen und Kränkungen. Jede konnte tun, was sie wollte, es wurde von der anderen grundsätzlich als Bösartigkeit ausgelegt. Und zwar unabhängig davon, ob das, was sie taten, nun wirklich der anderen galt oder nicht. Sie schaukelten sich allmählich so weit hoch, dass keine der anderen mehr vertrauen konnte.

Bitte überlegen Sie sich nun, was Ihre *letzte »Hammer-Geschichte«* war.

Von welchem Menschen fühlten Sie sich gekränkt, weil Sie ihr oder ihm schlechte Motive, Unachtsamkeit oder Boshaftigkeit Ihnen gegenüber unterstellten?

Es fällt Ihnen nichts ein?

Nun gut, Ihre Geschichte muss keineswegs so spektakulär sein wie die von Paul Watzlawick oder Rita und Monika. Oft sind es ja die so genannten »Kleinigkeiten«, die den Boden für Kränkungen bereiten.

Haben Sie nicht auch in den letzten Wochen beobachtet, dass Ihre Nachbarin Sie schneidet? Und dass der eine Kollege Sie immer so finster anschaut? Der führt doch sicher was im Schilde? Und Ihre Freundin oder Ihr Freund hat Sie schon seit Wochen nicht mehr angerufen? Mag er Sie nicht mehr? Und kennen Sie es nicht, dass Sie Ihre ahnungslose Partnerin oder Ihren ahnungslosen Partner mit dem letzten Glied einer langen, komplizierten Kette von Fantasien konfrontieren, in denen sie oder er eine entscheidende, negative Rolle spielt?[4]

Fällt Ihnen doch noch etwas ein? Dann notieren Sie das bitte oben.

> **Unterstellungen über böse Absichten des anderen bereiten den Boden für Kränkungen.**

2. Negative Einstellungen und Selbst- und Fremdabwertungen
Kränkungen sind immer mit negativen Gedanken verbunden, wobei sich diese auf den anderen oder uns selbst beziehen können. Dadurch denken wir nicht mehr auf die Lösung des Problems hin, sondern das Denken wird in den Dienst der destruktiven »Kränkungsgefühle« gestellt. Wie können wir uns beispielsweise an dem anderen rächen, welche Verletzung würde ihm »zustehen«, welche Behandlung hat er »eigentlich verdient«?

Negative Einstellungen zeigen sich in Form von Abwertungen, die wir gegen uns oder andere richten: Es können Anklagen sein (»Wie kannst du nur so blöd reagieren!« »Kein Wunder, dass du kritisiert wirst, du hast ja eh keine Ahnung«), Anweisungen (»Mach ja alles richtig«) oder Verbote (»Zeig ja keine Schwächen«) sowie Zuschreibungen negativer Eigenschaften (»Ich bin /du bist dumm, blöd, unfähig«).

Die Folge von Selbstabwertungen sind Minderwertigkeitsgefühle. Nach dem Motto: *Wir denken uns klein und leidend und schwach.*

Selbst- und Fremdabwertungen gehören untrennbar zusammen. Wer dazu neigt, sich selbst abzuwerten, tut dasselbe üblicherweise auch mit anderen.

Bitte überlegen Sie nun, welche Selbstabwertungen Sie sich selbst sagen:

Nun überlegen Sie sich bitte Ihre Abwertungen, die Sie gegen die Kränkenden richten. Was denken Sie über sie, wie nennen Sie sie, welche Eigenschaften schreiben Sie ihnen zu?

Wie verhalten Sie sich in der Kränkung?

Das Hauptmerkmal des Verhaltens in Kränkungssituationen ist der Bruch in der Beziehung mit dem Kränkenden. Entweder brechen wir den Kontakt total ab, wenden uns beleidigt ab, wollen nichts mehr mit »so einer« oder »so einem« zu tun haben, oder wir sind zwar körperlich anwesend, aber innerlich meilenweit entfernt.

Durch den Abbruch der Beziehung zu dem Kränkenden wollen wir uns eigentlich von ihm befreien, erreichen damit aber oft das Gegenteil. Denn wir bleiben durch den unaufgelösten Zwist weiterhin an ihn gebunden, da wir ihn wie eine »Leiche im Keller« aufbewahren. Hören wir nur seinen Namen, kocht in uns schon die negative Erinnerung samt aller feindlichen Gefühle und Verletzungen hoch. Spätestens in diesem Moment merken wir, dass wir ihn nicht los sind.

Bitte überlegen Sie sich nun, wen Sie als »Kränkungsleiche im Keller« haben. Sagen Sie jetzt nicht, Sie haben keine. Wenn Sie das Buch bis hierher gelesen und vielleicht sogar durchgearbeitet haben, dann haben Sie mit großer Wahrscheinlichkeit auch eine »Leiche im Keller«. Aber Sie müssen sie nicht länger dort verwahren, denn Sie können sie noch heute aus dem Keller holen und mit der Versöhnung beginnen.

Meine Kränkungsleichen:

Ist das Verhalten von Kränkungswut und Rache dominiert, dann kann es sogar zu Gewalttätigkeiten kommen: auf körperlicher Ebene in Form von Schlägereien und anderen tätlichen Angriffen, auf seelischer Ebene als Manipulation, Vorwurf oder indem Sie den anderen unter Druck setzen.

Das genaue Gegenteil dieses aggressiven Agierens in der Kränkung ist das Harmonisieren, das Bestreben, wieder mit dem Kränkenden in Einklang zu kommen, alle Wogen zu glätten und den Konflikt so schnell wie möglich aus der Welt zu schaffen. Auch wenn es wie Frieden aussieht, es ist nur ein Scheinfrieden, denn der Konflikt ist nicht ausgetragen, sondern nur überdeckt, und wir fühlen uns nicht wirklich wohl.

Bitte überlegen Sie nun, welche Verhaltensweisen bei Ihnen in Kränkungssituationen vorherrschen: die aggressiven oder die harmonisierenden? Beschreiben Sie sie.

Auch der Körper ist gekränkt

Auch unser Körper reagiert in sehr spezieller Weise auf Kränkungen. Unser Atem verändert sich genauso wie unser Herzschlag und unsere Haltung.

Um Ihnen Ihr körperliches Erleben näher zu bringen, schlage ich Ihnen eine Übung vor, bei der Sie darüber hinaus auch erfahren, welche Gefühle, Bedürfnisse, Gedanken, Einstellungen und Verhaltensimpulse bei Ihnen in Kränkungssituationen auftreten.

Diese Übung versetzt Sie in eine Kränkungssituation und ermöglicht es Ihnen, sich genauer zu beobachten. Bitte probieren Sie die Übung wirklich einmal aus und lassen Sie sich auf eine neue Erfahrung ein. Am besten machen Sie die Übung zu zweit oder zu mehreren, weil dadurch das Erleben intensiviert wird und Sie sich darüber hinaus gegenseitig austauschen, unterstützen und wenn nötig auch trösten können. Aber auch allein können Sie viel über sich und Ihre Kränkbarkeit lernen.

Für diese und alle anderen Übungen gilt: Lassen Sie sich Zeit und hetzen Sie nicht. Wenn Sie die Übung allein machen, schreiben Sie hinterher auf, was Sie erlebt haben oder setzen Sie Ihre Erfahrungen in Bilder um.

Übung »Körperhaltung«

Bitte erinnern Sie sich an eine Kränkung, die Sie entweder gerade oder schon vor längerer Zeit erlebt haben. Drücken Sie diese Kränkung ohne Worte nur durch Ihre Körperhaltung aus. Welche Körperhaltung entspricht Ihrem Kränkungserleben? Vielleicht kauern Sie sich auf dem Boden zusammen oder nehmen eine Angriffshaltung ein? Wie auch immer, suchen Sie Ihre eige-

ne Haltung und bleiben Sie dann bitte so lange darin, bis Sie etwas spüren. Wie fühlt sich Ihr Körper an? Welche Muskeln sind angespannt? Wie geht Ihr Atem? Welche Gefühle sind mit dieser Haltung verbunden? Haben Sie Impulse, etwas zu tun, oder resignieren Sie? Achten Sie bitte auch darauf, ob Ihre Haltung mehr Angriff und Verteidigung ausdrückt oder mehr Aushalten und Erdulden. Vielleicht wollen Sie Ihre Haltung auch verändern, wenn ja, in welche Richtung? Welche Gedanken tauchen bezogen auf bisher erlittene Kränkungen und die Kränkenden auf? Was denken Sie in dieser Haltung über sich selbst? Welche Bedürfnisse spüren Sie?

Beenden Sie die Übung, indem Sie eine Gegenbewegung zur Kränkungshaltung einnehmen. Weiten Sie sich, befreien Sie sich aus der Starre und der »Luftlosigkeit«. Schütteln Sie sich und streifen Sie Ihre Spannung von Armen, Beinen und Rumpf. Wechseln Sie den Standort und gehen Sie im Raum herum.

Variation der Übung »Körperhaltung«
Wenn Sie zu zweit oder in einer Gruppe sind, dann variieren Sie diese Übung wie folgt:

Suchen Sie sich einen Partner oder eine Partnerin und gehen Sie wie oben beschrieben vor. Das heißt, jede Person nimmt ihre Kränkungshaltung für sich ein.
Im zweiten Schritt spiegeln Sie sich gegenseitig Ihre Haltung, indem Sie die Rollen tauschen: Sie übernehmen jetzt die Haltung Ihrer Übungspartnerin und diese schaut sich selbst in Ihnen an. Danach tauschen Sie sich aus, was Sie erlebt und wahrgenommen haben und dann übernimmt Ihre Partnerin Ihre Haltung und Sie sehen sich in ihr. Tauschen Sie sich danach wieder aus.

Was haben Sie erlebt, als Sie sich selbst sahen? Welche Gefühle hat das ausgelöst? Was dachten Sie über sich? Welche Impulse hatten Sie? Wollten Sie Ihrer Partnerin helfen oder wurden Sie eher aggressiv? Was fiel Ihnen an Ihrer Haltung auf, das Sie vorher nicht registrierten? Und was erlebte Ihre Partnerin in Ihrer Haltung?

Um die Übung zu beenden, machen Sie eine Gegenbewegung zur Kränkungshaltung. Weiten Sie sich, befreien Sie sich aus der Starre und der »Luftlosigkeit«. Schütteln Sie sich und streifen Sie Ihre Spannung von Armen, Beinen und Rumpf. Wechseln Sie den Standort und gehen Sie im Raum umher.

Nicht selten machen wir die Erfahrung, dass das, was wir nach außen zeigen, nicht oder nur teilweise dem entspricht, was wir innerlich erleben. Eine Seminarteilnehmerin war ganz erstaunt, wie unterschiedlich Selbst- und Fremdwahrnehmung sind: »Es ist ein großer Unterschied zwischen dem, wie ich mich in der Haltung fühle und wie sie auf mich wirkt, wenn ich sie von außen betrachte. In der Haltung bin ich viel mehr mit den Gedanken bei meinem Beleidigtsein und meinem Leid aufgrund der Kränkung. Dagegen wirkt die Haltung von außen sehr stark und kraftvoll. Doch diese Kraft und Stärke kann ich nicht spüren.«

Wenn Sie also Ihre eigene Haltung im anderen betrachten, dann erkennen Sie, welche Botschaften Sie aussenden und welche unerkannt bleiben. Im obigen Beispiel signalisierte die Seminarteilnehmerin nach außen hin Kraft, die sie innerlich jedoch nicht fühlte. Sollten Sie bei sich ähnliche Widersprüche registrieren, dann können Sie sich fragen: Ist es meine Absicht, anders zu wirken, als ich mich fühle? Wie will ich gesehen werden? Was zeige ich nicht und warum?

Bitte notieren Sie die Antworten dazu hier:

Immer wieder stellt sich uns die Frage, wie viel wir von unserem inneren Erleben zeigen wollen und wie viel wir lieber verbergen. Das Verbergen erfordert große Anstrengung, zu viel preiszugeben kann Entblößung bedeuten. Wir sollten daher je nach Situation immer wieder neu entscheiden, ob wir uns lieber verschließen oder öffnen.

In der Übung kann Ihnen Ihre Partnerin oder Ihr Partner bei all diesen Fragen helfen, indem sie oder er Ihnen mitteilt, was Ihre Haltung ausgedrückt hat.

Ein Beispiel mag das eben Gesagte verdeutlichen. Eine Seminarteilnehmerin war regelrecht erschüttert darüber, wie sie nach außen wirkte. Es entsprach nicht ihrem Bild von sich als starker Frau, die sich nichts anmerken ließ. Denn im Widerspruch zu ihrer gewollt demonstrierten Kampfhaltung lagen Angst in ihrem Blick und Spannung in ihrem Gesicht. In ihrer Körperhaltung spürte sie mehr den

Wunsch, sich verstecken zu wollen als die Herausforderung anzunehmen, wie sie es im realen Leben meistens tut. Zu Beginn des Seminars hatte sie als Problem beschrieben, immer wieder von Männern verlassen zu werden und nie genug Unterstützung zu bekommen. Durch die Übung wurde ihr klar, dass sie es durch ihre demonstrierte Kampfhaltung nicht zulässt, Unterstützung anzunehmen. Ihre Emotionalität wehrt sie ebenso ab wie ihre Bedürfnisse, obwohl sie ihr »ins Gesicht geschrieben« sind. Ihr war klar, dass ihre Aufgabe darin besteht, diesen Zwiespalt in sich wahrzunehmen und aufzulösen.

Nachdem Sie sich allein oder zu zweit in Ihre Kränkungshaltung versetzt haben, schreiben Sie in die folgenden Listen Ihre Erfahrungen: Was haben Sie gefühlt? Was brauchten Sie, als Sie in Ihrer Kränkungshaltung verharrten? Was haben Sie sich gewünscht? Was hätten Sie gerne bekommen oder getan? Wie haben Sie Ihren Körper erlebt? Was dachten Sie und nahmen Sie wahr? Welche Verhaltensimpulse haben Sie registriert beziehungsweise wie haben Sie sich verhalten?

Dazu ein Beispiel einer Seminarteilnehmerin, das zeigt, was genau gemeint ist: »Ich spürte Macht in der Haltung. Kränkung gibt Macht. Ich kapsle mich ab, aber appelliere zugleich an den anderen, dass er sich mir zuwendet, denn ich will ja nicht den ersten Schritt machen. Hinter der Kränkungshaltung steckt der Wunsch, dass mich jemand herausholt. Aber indem ich mich abschließe, kann er es nicht oder muss meine Abwehr durchbrechen. In mir ist der starke Wunsch, dass jemand auf mich zukommt, aber ich verhindere das durch die Abgeschlossenheit meiner Haltung. Das, was ich tue, widerspricht dem, was ich möchte.«

Streichen Sie nun an, was für Sie zutrifft und fügen Sie hinzu, was Ihnen zusätzlich einfällt.

Mein persönliches Kränkungserleben

GEFÜHLE	KÖRPER
☐ Ich schäme mich ☐ Ich habe Angst ☐ Ich bin wütend ☐ Ich fühle mich einsam ☐ Ich bin trotzig ☐ Ich resigniere ☐ Ich fühle mich klein wie ein Kind ☐ Ich bin eifersüchtig ☐ Ich bin neidisch ☐ Ich bin enttäuscht ☐ Ich fühle mich unwohl ☐ Ich fühle Triumph ☐ Ich fühle mich ohnmächtig ☐ Ich erlebe Panik ☐ Ich bin traurig ☐ Ich bin verzweifelt ☐ ☐ ☐ ☐ ☐	☐ Mein Herz rast ☐ Mein Atem stockt ☐ Meine Muskeln verspannen sich ☐ Meine Beine werden weich ☐ Ich werde still ☐ Ich bekomme einen Schlag in den Magen ☐ Werde wie am Marterpfahl mit Pfeilen beschossen ☐ Mir ist kalt ☐ Mein Hals ist zugeschnürt ☐ Bin wie zu Stein geworden ☐ Fühle eine offene Wunde am Herzen ☐ Habe eine Enge in der Brust ☐ Habe keine Haut ☐ Bekomme einen Schlag ins Gesicht ☐ ☐ ☐ ☐ ☐

DENKEN GEDANKEN EINSTELLUNGEN	VERHALTEN	BEDÜRFNISSE
☐ Der andere will nichts mit mir zu tun haben	☐ Ich mache dicht, die Klappe fällt	☐ Ich brauche Schutz
☐ Ich fühle mich wie ein Nichts	☐ Ich ziehe mich zurück	☐ Ich will mich verteidigen
☐ Ich fühle mich verlassen	☐ Ich schlage zurück	☐ Ich möchte angenommen werden
☐ Immer werde ich ausgeschlossen und zurückgestoßen	☐ Ich breche den Kontakt ab	☐ Ich will fliehen
☐ Ich werde übersehen	☐ Ich demonstriere schlechte Laune	☐ Ich will mich rächen
☐ Ich bin unwichtig	☐ Ich gehe weg	☐ Ich will den anderen kränken
☐ Ich hab's ja gleich gewusst	☐ Ich schlage Türen	☐ Ich will mich verstecken
☐ Ich muss den anderen bestrafen, in die Schranken weisen	☐ Ich verkrieche mich, mache mich unsichtbar	☐ Ich brauche Zuwendung
☐ Ich bin verwirrt, kann nicht klar denken	☐ Ich mache dem anderen Vorwürfe	☐ Ich brauche Anerkennung
☐ So eine Unverschämtheit	☐ Ich habe Fluchtimpulse	☐ Ich brauche Aufmerksamkeit
☐ Ich fühle mich unverstanden	☐ Ich beschimpfe den anderen	☐ Ich brauche Unterstützung
☐	☐	☐
☐	☐	☐
☐	☐	☐
☐	☐	☐
☐	☐	☐

Anmerkung: Viele von Ihnen werden sicherlich stutzen, wenn in der Rubrik Denken/Gedanken/Einstellungen steht: »Ich fühle mich verlassen«, »Ich fühle mich wie ein Nichts« etc. Denn das klingt ja, als seien es Gefühle. Doch das ist nicht so. Wir haben zwar den Eindruck, es handele sich um Gefühle, aber im Grunde sind es Gedanken, Wahrnehmungen und Interpretationen. Wenn wir uns allein gelassen fühlen, dann sind wir traurig, verzweifelt, enttäuscht und das ist das eigentliche Gefühl. Das andere ist unsere Wahrnehmung oder unsere Einschätzung der Situation: Aus dem Alleinsein machen wir ein Verlassenwerden. Oder die Tatsache, dass der andere sich von uns abwendet, wird von uns als »Ich fühle mich verlassen« interpretiert. Richtiger wäre es zu sagen: Der andere verlässt mich, nun bin ich allein (beides Tatsachen), und dann fühle ich Schmerz und Verzweiflung.

Zurück zu den Erfahrungen aus der Übung »Körperhaltung«. Dass durch diese Übung wesentliche Kränkungsthemen ans Licht kommen können, zeigt das Beispiel des Seminarteilnehmers Herrn Kaal. Er fand folgende Haltung: Leicht nach vorne gebeugt stand er mit verschränkten Armen vor dem Oberkörper, um die Blicke der anderen abzuwehren und sich abzuschirmen. Ihm wurde schnell bewusst, dass für ihn eine Kränkung im Wesentlichen mit Bloßstellung zu tun hat, denn er fühlte sich von vielen Menschen um sich herum angeschaut und ihren Blicken ausgeliefert. Sein vorherrschendes Bedürfnis war das nach Schutz. Er wich den Blicken aus, indem er auf den Boden starrte. Das erinnerte ihn an demütigende Erlebnisse in seiner Kindheit, in denen er hoffte, ungesehen zu bleiben und sich schützte, indem er nicht hinsah. Deutlich spürte er auch jetzt wieder die Scham. Damit waren Gedanken verbunden, schlecht oder schuldig zu sein. Der gesenkte Kopf erinnerte ihn an ein Opferlamm oder einen Verurteilten, der zum Schafott geführt wird. Im Alltag litt er häufig unter Verspannungen der Halswirbelsäule, die er jetzt verstehen konnte: Sie hängen eng mit der innerlichen Botschaft zusammen: Reiß dich zusammen, Kopf hoch. Das ist sein Lebensmotto. Sein gesamtes Körpergewicht ruhte auf dem rechten Bein, das bald zu schmerzen begann. Sein Atem war blockiert und er spürte seine Kraft nicht mehr. Im Magen wurde es ihm etwas übel und am liebsten wäre er davon gerannt. Doch das war mehr ein Gedanke als ein Impuls, denn ihm war klar, dass er aushalten musste. Er kämpfte nicht, sondern fühlte sich als Opfer der Anklage. Seine Verteidigung war passiv, denn sie bestand aus dem Versuch, nicht gesehen zu werden, nicht aufzufallen, keine weiteren Fehler zu machen, um nicht neue Angriffspunkte zu bieten. Seine aggressive Tendenz bestand darin, die anderen zu verachten, doch nur heimlich, für sich allein. Aus dem Alltag kennt er auch die offene Vorwurfshaltung, die jedoch so zerstörerisch ausfällt, dass sich die Menschen von ihm abwenden. Neben dem Bedürfnis nach Schutz spürte er auch den tiefen Wunsch nach Anerkennung durch die anderen. Im Gegensatz zu den demütigenden Blicken sehnte er sich danach, liebevoll und akzeptierend angeschaut zu werden.

Sein »wunder Punkt« hängt mit den Themen Fehlermachen, Scham und Schuld zusammen. Wir können daher vermuten, dass er besonders kränkbar in Situationen ist, in denen er sich angeklagt fühlt, weil er etwas unterlassen oder falsch gemacht hat. So kann die banale Frage seiner Partnerin »Was machst du denn da schon wieder?« ihn verletzen, weil er sich angegriffen und im Unrecht fühlt. Für einen anderen Menschen ist diese Frage vielleicht nur Ausdruck von Neugier und er geht mit einem Lächeln darüber hinweg. Wie Herr Kaal selbst sagt, hat er schon als Kind die Scham gespürt und sich gekränkt gefühlt, wenn er kritisiert wurde. Das weist auf eine nicht verheilte Wunde hin, an der noch heute Kränkungen ansetzen können.

Durch die Übung »Körperhaltung« haben Sie weitere Informationen gesammelt und können sich nun erneut der Frage zuwenden, was Ihren »wunden Punkt« ausmacht:

Das Kränkungserleben hat zwei Dimensionen

Im letzten Kapitel haben Sie Ihr Kränkungserleben in den Bereichen Gefühle, Körper, Denken und Verhalten beschrieben. Wenn Sie Ihre Aufzeichnungen noch einmal langsam durchlesen und auf sich wirken lassen, dann werden Sie möglicherweise zwei entgegengesetzte Erlebnisqualitäten wahrnehmen: auf der einen Seite das Gefühl von Opfersein, Verzweiflung und sogar existenzieller Bedrohung und auf der anderen Seite die aggressive Abgrenzung und die Wut.

Wir können feststellen, dass das Kränkungserleben sich auf zwei Dimensionen bewegt:

der *Depression* und der *Aggression*.

Die Depression beinhaltet das, was nach innen geht, was sich gegen uns richtet, was uns unterdrückt und zusammenzieht, was uns leiden macht. Und in der Gegenbewegung liegt die Aggression, sie geht nach außen, wirkt eher erlösend, schafft Distanz, schlägt zurück.

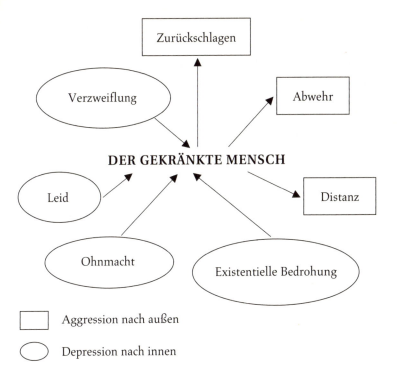

Mit Depression ist hier nicht die klinische Diagnose einer Krankheit gemeint, sondern die ursprüngliche Wortbedeutung von depressum, niedergedrückt. Kränkungen können uns niederdrücken, und das zeigt sich in »düsteren« Gefühlen, Gedanken, Einstellungen und Handlungen. Die Aggression[5] zeigt sich in zweierlei Weise: Wir können sie zum einen nach innen, gegen uns selbst wenden und uns zerstören, dann gehört sie zur depressiven Seite. Richten wir sie nach außen, dann dient sie entweder der Verteidigung oder der Verletzung anderer. Beide Tendenzen, die depressive und die aggressive, erleben wir im Fühlen, im Denken, im Körper und sie drücken sich auch im Verhalten aus. Die Bedürfnisse spielen in dieser Hinsicht eine andere Rolle, die später noch deutlich wird.

Die folgende Zusammenstellung zeigt noch einmal die depressiven und aggressiven Inhalte, wie sie auch schon im Rahmen des Kränkungserlebens angesprochen wurden:

a) Emotional
- *In der Depression haben wir Empfindungen wie:* Schmerz, Selbstmitleid, Traurigkeit, Hilflosigkeit, Ohnmacht, Schutzlosigkeit, Angst vor erneuter Kränkung, Unsicherheit, Misstrauen, Resignation, Sinnlosigkeit, Scham, Beleidigtsein, Schuld, Energieverlust, Opfer sein.

- *Die Aggression nach innen erleben wir als:* Wut gegen uns selbst, Todessehnsucht, Wunsch, uns umzubringen.

- *Die Aggression nach außen erleben wir darin,* dass wir anderen etwas antun und uns als Täter erleben.
  Wir spüren Verachtung, Wut, Rache, Jähzorn.
  Wir verweigern uns emotional, sind vorwurfsvoll beleidigt, brechen den Kontakt ab, explodieren.

b) Körperlich
- *Die Depression spüren wir körperlich,* als wären wir innerlich erstarrt, eingefroren, abgestorben, leer und verwundet. Wir machen uns körperlich klein, ziehen die Schultern hoch.
  Wir erleben körperliche Sensationen wie Tränen, Leere im Kopf, Bauchschmerzen, Magenbeschwerden, Übelkeit, Durchfall, Herzrasen, Gesichtsröte, Stechen und Enge in der Brust, Hitze, Kälte, Unruhe, Verspannungen, Schlafstörungen, Schwäche in den Beinen, mangelnde Stabilität, weiche Knie, kalte Füße, einen abgeschnürten Hals, flachen, stockenden Atem, eine fremde, zittrige Stimme, Stottern, Schluckbeschwerden, Sprachlosigkeit.

- *Bildlich wirkt die Kränkung auf den Körper* wie ein Schlag auf den Kopf, eine Ohrfeige, ein Schlag in den Solarplexus (Sonnengeflecht), eine innere Erschütterung, als ginge uns der Boden unter den Füßen weg, fast wie eine Ohnmacht, wie Schwärze, wie ein Schwanken oder eine Lähmung.

- *Die Aggression nach innen zeigt sich körperlich in* Selbstverletzungen (sich schneiden, brennen, schlagen etc.), Krankheitssymptomen und Sucht, z.B. Essanfall.

- *Die Aggression nach außen zeigt sich körperlich in* einem feindseligen Blick, einer Kampf- und Verteidigungshaltung, schnellem Herzschlag, geballten Fäusten, Anspannung der Arme, Wut im Bauch.
  Wir bewahren Haltung, bieten den Rücken und schützen uns vorne, beißen die Zähne zusammen, machen uns groß, blähen uns auf.

c) Kognitiv
- *In der Depression denken wir negativ über uns:*

>   Ich erlebe mich ausgestoßen
>   Ich fühle mich übersehen, übergangen
>   Ich denke, andere lehnen mich ab,
>   denken schlecht von mir
>   Ich fühle mich nicht gemocht
>   Ich halte mich für wertlos und unwichtig
>   Ich halte mich für minderwertig und nichtig
>   Die Ablehnung bestätigt meine Selbstzweifel
>   Ich habe bohrende Selbstzweifel
>   Ich halte mich für das fünfte Rad am Wagen
>   Ich fühle mich allein gelassen, verlassen

Ich denke, keiner steht zu mir, alle fallen mir in den Rücken
Ich fühle mich weggeworfen, missachtet
Ich denke, ich bin ein/e Versager/in
Ich gebe mir keine Existenzberechtigung

- *Gedanken/Einstellungen, die die Aggression nach innen leiten:*

    Ich bin überzeugt, es nicht anders verdient zu haben
    Ich werte mich selbst ab, beschimpfe mich
    Ich halte mich für schlecht

- *Gedanken/Einstellungen, die die Aggression nach außen richten:*

    Ich entwerte den Kränkenden
    Wie kann man mich so behandeln?
    So eine Unverschämtheit
    Ich denke schlecht vom anderen
    »Ich verachte dich«
    Ich nehme den anderen nur negativ wahr
    Ich kann/will nichts Gutes am anderen lassen
    »Dir werd' ich's zeigen«
    »Dich mach ich fertig«

d) *Verhalten*
- *In der Depression verhalten wir uns folgendermaßen:*
Wir buhlen um Anerkennung, harmonisieren, wiegeln ab, beschwichtigen, wir bemühen uns, alles richtig zu machen, wir wollen alles wieder gutmachen, wir tun Buße, werden kleinlaut, wollen uns verstecken, verkriechen und nicht auffallen.

- *Das aggressive Verhalten nach innen zeigt sich in:*
Suchtverhalten, wir »knallen« uns mit Suchtmitteln »zu«, machen dicht, verweigern den Kontakt, verletzen uns selbst oder begehen Selbstmord.

- *Die Aggression nach außen zeigt sich darin, dass:*
wir den Kontakt abbrechen, weggehen, den anderen beschimpfen und bestrafen. Wir werden laut, brüllen und schreien, kämpfen, wollen vernichten. Unser Verhalten kann bis zu Tätlichkeiten, Schlägereien, Gewalt und Mord reichen.

> **Unser Kränkungserleben beinhaltet zwei Dimensionen:**
> **Depression und Aggression.**

Diese zwei Dimensionen, die Depression und die Aggression, beziehen sich sowohl auf Situationen, in denen wir uns gekränkt fühlen, als auch auf jene, in denen wir selbst zur/zum Kränkenden werden und andere gewollt oder ungewollt verletzten beziehungsweise zurückstoßen. Interessanterweise gibt es Menschen, deren erster Gedanke auf die Frage, was sie mit Kränkungen verbinden, der ist, jemanden zu kränken, statt gekränkt zu werden. Häufig sind das Menschen, denen die Tatsache, andere zu verletzen, mehr ausmacht, als verletzt zu werden. Als könnten sie mit eigenem Leid leichter fertig werden als mit fremdem, weshalb sie auch viele Anstrengungen unternehmen, um ihr Handeln wieder gutzumachen. Dieses Thema werde ich später noch ausführlich behandeln (siehe Seite 102).

Das Kränkungsmodell

Anhand eines Modells mit den Dimensionen Depression / Aggression / Selbstachtung und Selbstsicherheit möchte ich Ihnen erläutern, wie wir in Kränkungssituationen bezogen auf unser Selbstwertgefühl reagieren. In der Kränkung erleben wir uns als Person nicht ganzheitlich, sondern fühlen uns in verschiedene Anteile aufgespalten: in eine depressive Seite mit Minderwertigkeitsgefühlen, eine aggressive Seite mit überhöhten Erwartungen und Ansprüchen und eine Seite der Selbstachtung, die dadurch gekennzeichnet ist, dass wir uns selbstsicher und in Ordnung fühlen und mit unseren »echten« Gefühlen und Bedürfnissen in Kontakt sind. In diesem Zustand erleben wir auch unsere Existenzberechtigung sowie unsere Lebensenergie.

Das folgende Modell stammt ursprünglich aus der Lehre über narzisstische[6] Störungen, wie ich es auch in meinem Buch über den weiblichen Narzissmus verwendet habe. Da Kränkungen jedoch keine narzisstischen Störungen mit Krankheitswert sind, wandle ich dieses Modell etwas ab. Auf diese Weise lässt sich sehr gut darstellen, was bei Kränkungen in uns passiert.

Kränkungen können als vorübergehende narzisstische Krisen verstanden werden, die uns zeitweise aus dem inneren Gleichgewicht bringen. Wie stark wir innerlich irritiert werden, hängt im Wesentlichen von zwei Faktoren ab: von der Schwere der Kränkung und der Art und Weise, wie stabil oder instabil unser Selbstwertgefühl normalerweise ist.

Je irritierbarer unser Selbstwertgefühl ist, umso stärker werden wir in Kränkungssituationen berührt sein. Die so genannten »narzisstischen Persönlichkeiten« beispielsweise, die ein schwankendes Selbstwertgefühl zwischen tiefen Selbstzweifeln und überhöhter Grandiosität auszeichnet, werden in ihrem Leben stärker unter Kränkungen leiden, da sie sich nicht nur in Kränkungssituationen wenig integriert erleben, sondern auch sonst. Bei ihnen sind die drei oben genannten Erlebensbereiche stark voneinander getrennt und sie erleben den Bruch in sich sehr deutlich.[7]

Aber auch Menschen, die ihr Selbstwertgefühl normalerweise schnell wieder ins Gleichgewicht bringen können, werden durch sehr starke Kränkungen erhebliche Irritationen, verbunden mit starken Selbstzweifeln, erleben. Wir müssen uns daher beim Gebrauch des Kränkungsmodells immer am jeweiligen Einzelfall orientieren, und Sie selbst können herausfinden, welche Verarbeitungsmuster in Kränkungssituationen für Sie zutreffen. Dazu dient Ihr persönliches Kränkungsmodell, das Sie für sich ausfüllen (Seite 101).

Das Kränkungsmodell

Wir spüren unseren Wert nicht, außer wir entsprechen unseren überhöhten Erwartungen

DEPRESSION	AGGRESSION
Minderwertigkeitsgefühl	Überhöhte Erwartungen und Ansprüche
Selbstabwertungen	Fremdabwertungen

SELBSTACHTUNG /
SELBSTSICHERHEIT
»Echte« Gefühle
Bedürfnisse
Lebensenergie
»Ich bin in Ordnung«

Wir spüren unseren Wert als Person

Ich möchte nicht, dass Sie denken: »Wenn ich nur alles richtig mache, werde ich nie mehr gekränkt reagieren.« Das wird nicht geschehen, weil Kränkungen ein menschliches Phänomen sind, unter dem wir alle leiden und immer wieder leiden werden. Sie können nicht lernen, nicht mehr gekränkt zu sein, sondern nur, wie Sie Ihr durch Kränkung erschüttertes oder irritiertes Selbstwertgefühl wieder und leichter ins Gleichgewicht bringen können.

Die drei Kästchen repräsentieren Gefühlszustände unterschiedlicher Art, die durch verschieden dicke Balken voneinander getrennt sind. Je schmaler und durchlässiger die Balken sind, umso integrierter fühlen wir uns. Je dicker die Balken sind, umso stärker erleben wir einen Bruch in uns. Das bedeutet, dass wir entweder nur, beziehungsweise vorwiegend unsere Depression oder unsere Aggression wahrnehmen, als würde es die jeweils andere Seite gar nicht geben. Wir fühlen uns dann entweder hilflos und minderwertig oder wir werden aggressiv gegen uns und/oder den anderen. In der Regel wechseln diese zwei Zustände relativ schnell einander ab.

Ist der Bruch in uns weniger stark, dann erleben wir uns innerlich integrierter: Wir wissen dann im Zustand der Depression beispielsweise, dass wir uns auch aggressiv verteidigen können und wir erinnern uns in der Aggression daran, dass wir uns auch schlecht und ausgeliefert fühlen können. Wenn wir uns dann auch noch selbst achten können und wenigstens ansatzweise fühlen, dass wir im Grunde liebenswert und in Ordnung sind, egal wie uns jemand behandelt, dann werden wir unser Selbstwertgefühl nach einer Kränkung schneller wieder ins Lot bringen. Wenn wir auch um unsere Stärken wissen, müssen wir nicht in extrem tiefe Minderwertigkeitsgefühle fallen, und wenn wir unsere Schwächen anerkennen unter Beibehaltung unserer Selbstachtung und Selbstsicherheit, dann müssen wir uns nicht so sehr im Zorn über andere erheben. Damit können wir in Kränkungssituationen flexibler reagieren, da wir auf vielfältigere Verhaltensalternativen zurückgreifen können, als wenn wir uns nur in jeweils einem Zustand befinden.

Werden wir jedoch durch eine Kränkung stark getroffen, kann es sein, dass wir lange im Gefühl der Depression und Minderwertigkeit verbleiben und uns vollständig abwerten, dass wir unsere Selbstachtung und Selbstsicherheit verlieren sowie unsere Existenzberechtigung, unser Lebensgefühl und alle »echten« Gefühle und Bedürfnisse negieren. Was bleibt ist die nackte Verzweiflung, aus der wir nur schwer wieder herauskommen.

> Kränkungen haben ein Ungleichgewicht in unserem Selbstwertgefühl zur Folge, das je nach Intensität der Kränkung und Stabilität unseres Selbstwertgefühls stärker oder schwächer ist.

Nehmen wir zum Beispiel Kritik, die von vielen Menschen als Kränkung erlebt wird. Sie kann eine sehr starke Kränkungsreaktion mit einem hohen Ungleichgewicht im Selbstwertgefühl hervorrufen: In diesem Fall aktiviert die Kritik die Seite der Minderwertigkeitsgefühle und wir verbinden mit ihr die Aussage: »Deine Leistung ist nicht gut, also bist du nicht gut«, auch wenn nur ein Teil unserer Leistung kritisiert wird. Je mehr wir durch die Kritik verunsichert sind, umso negativer verarbeiten wir sie. Mit einem geschwächten Selbstwertgefühl können wir dann daraus machen: »Ich bin nichts wert.«

Im Zustand der Depression oder Aggression spüren wir unsere Selbstachtung und Selbstsicherheit kaum oder gar nicht, außer wir erfüllen überhöhte Erwartungen an uns, unser so genanntes Ich-Ideal. Ein solches Ideal kann zum Beispiel das der Perfektion sein. Die zwei Leitsätze bei Kränkungen lauten: »Ich darf keine Fehler machen und wenn doch, dann bin ich schlecht.« Und: »Du darfst keine Fehler machen und wenn doch, dann bist du schlecht.« In der Perfektion setzen wir fatalerweise Leistung und Person gleich, statt sie voneinander zu differenzieren. Ist die Leistung schlecht, sind wir schlecht. Ebenso sehen wir durch unsere Perfektionsbrille auch die anderen nur bezogen auf ihre Leistung oder ihr Versagen.

Unser Ideal aus Anstrengung, Leistung und Perfektionismus soll uns vor der Schwächung unseres Selbstwertgefühls schützen, indem es die Botschaft vermittelt: »Ich mache alles richtig, also bin ich gut und deshalb unangreifbar.«

Denn wenn wir perfekt sind, alles richtig und gut machen, dann werden wir auch nicht kritisiert. Doch dieses Ideal ist problematisch, da es unausgesprochen die Forderung beinhaltet, dass wir eigentlich immer perfekt sein müssten. Doch das sind wir nicht und deshalb bieten wir Anlass zu Kritik. Sind wir nicht perfekt, dann sind wir fehlerhaft und damit angreifbar. Wir haben versagt, indem wir unsere Ansprüche nicht erfüllt haben und dadurch rutschen wir geradewegs in unser Minderwertigkeitserleben.

Aus dem Gedanken heraus, ich bin nicht gut genug, gehen wir häufig in die Verteidigung und versuchen, mithilfe der Aggression die Depression abzuwehren. Indem wir beispielsweise den Kritiker bekämpfen, ihn abwerten und unglaubwürdig machen, müssen wir uns selbst weniger in Frage stellen. Auch mit Stolz, Trotz, Eitelkeit und Überheblichkeit versuchen wir, uns über Kritik hinwegzusetzen.

Durch dieses Hin- und Herspringen von der Depression zur Aggression und zurück vermeiden wir den Kontakt zu unseren Gefühlen und Bedürfnissen. Wie schon gesagt, zeichnen sich Kränkungen gerade dadurch aus, dass wir nicht oder kaum spüren, wie es uns wirklich geht. Wir wollen nicht wahrhaben, dass wir uns schämen, einen Fehler gemacht zu haben. Wir vermeiden wahrzunehmen, dass wir beispielsweise Angst haben, durch Kritik abgelehnt zu werden oder dass wir uns fürchten, einen Fehler einzugestehen. Wir leugnen, dass wir über unser Versagen traurig sind und es uns wehtut. Auch geben wir ungern zu, dass wir uns ärgern, kritisiert zu werden oder sauer auf uns sind, dass uns ein Fehler unterlaufen konnte. Doch wenn wir uns von unseren Gefühlen abspalten, dann trennen wir uns gleichzeitig auch von unserer Selbstachtung, Lebensenergie und der Wahrnehmung unserer Bedürfnisse. Unser ganzes Trachten ist dann nur noch auf Schutz und Abwehr gerichtet, indem wir mithilfe der Aggression und Perfektion versuchen, Macht und Kontrolle über die Kränkungssituation zu gewinnen. Genau die fürchten wir nämlich zu verlieren, wenn wir unsere Gefühle und Bedürfnisse zulassen. Insofern ist der Zustand der Gespaltenheit, wie sie im Kränkungsmodell aufgezeichnet ist, zuerst einmal ein Schutzmechanismus, der uns helfen soll, bedrohliche Situationen wie Kränkungen zu bewältigen. Damit lähmen wir allerdings auch unser problemlösendes Denken, denn wir sind kaum mehr fähig, gedankliche Alternativen zur Bewältigung der Kränkungssituation zu finden, sondern lassen uns hauptsächlich von negativen Vorstellungen leiten, die im Wesentlichen emotional getönt sind. Wir überlegen uns beispielsweise, wie wir uns am besten rächen könnten, oder verhalten uns »kopflos« im wahrsten Sinne des Wortes.

Ein Beispiel mag das verdeutlichen: Wenn wir auf Kritik gekränkt reagieren, dann liegt das unter anderem daran, dass wir die kritischen Aussagen der anderen nicht nur anhören, sondern sofort zu einem Gebot für uns umformulieren. Statt weiterhin zu dem zu stehen, was wir gemacht haben, werten wir unsere Leistung ab. Wie für die depressive Seite charakteristisch, passen wir uns äußerlich an, indem wir die Kritik »schlucken« und mit Selbstvorwürfen kommentieren. Aber irgendwann kommt nach der Selbstabwertung der Groll und Trotz, aus dem heraus wir in Form von Rebellion unser Selbstwertgefühl wieder zu stärken versuchen (aggressive Seite). Ausgespart bleiben unsere Gefühle, Bedürfnisse und unsere Selbstachtung. Wenn wir diese jedoch spürten, könnten wir uns die Kritik anhören und über ihren konstruktiven Gehalt nachdenken. Wir könnten erkennen, was an unserer Arbeit verbesserungswürdig wäre, aber müssten nicht unsere gesamte Leistung und vor allem nicht uns als Person entwerten. Wir könnten bei dem bleiben, was wir wollen. Zugleich würden wir spüren, dass uns die Kritik traurig macht oder beschämt. Unser Denken wäre jedoch nicht getrübt und unser Handeln nicht nur von Emotionen geleitet.

Wie bereits erwähnt schützt uns das Abspalten unserer Gefühle und Bedürfnisse davor, die Kontrolle über die Kränkungssituation zu verlieren. Es ist unsere Entscheidung, das zu tun, auch wenn wir die Entscheidung nicht mehr bewusst wahrnehmen. Sie läuft sozusagen automatisch ab, steht aber dennoch unter unserem Einfluss. Und das gibt uns auch die Chance, heute eine neue Entscheidung zu treffen. Die Schutzhaltung, die wir uns aufgebaut haben, um Kränkungen zu vermeiden und uns Macht und Kontrolle zu verschaffen, führt nämlich leider zum Gegenteil: Sie schützt uns nicht vor Kränkungen, sondern bereitet ihnen sogar den Boden. Denn je mehr wir unsere Gefühle, Bedürfnisse, unsere Selbstachtung und Selbstsicherheit abspalten und nicht mehr nach ihnen handeln, umso eher werden wir gekränkt reagieren. Für die Überwindung von Kränkungen bedeutet das im Klartext, dass wir uns gegen Kränkungen umso besser schützen können, je mehr wir unsere Bedürfnisse und Gefühle wahrnehmen, nach ihnen handeln und dadurch das Gefühl der Selbstachtung und Selbstsicherheit stärken. Auf diese Weise bringen wir uns wieder ins Gleichgewicht, das durch die Kränkung vorübergehend gestört wurde.

> Wir können uns gegen Kränkungen umso besser schützen, je mehr wir unsere Bedürfnisse und Gefühle wahrnehmen, nach ihnen handeln und dadurch das Gefühl der Selbstachtung und Selbstsicherheit stärken.

Was geschieht mit Ihnen in der Kränkung?

»Ich habe in einer wirklich tiefen Kränkung gespürt, wie nah die drei Zustände, die Depression, Aggression und Selbstachtung, beieinander liegen und das Erleben von einer Minute zur andern kippt. In der Kränkungssituation war ich zuerst relativ cool bis zu einem Punkt, an dem es nicht mehr ging. Dann bin ich wütend geworden und hab die Türen geschlagen, was gar nicht meine Art ist. Und als ich dann allein daheim war, kippte meine Stimmung und ich habe gespürt, dass ich vor einem tiefen schwarzen Loch sitze. Ich konnte es gerade noch umbiegen, indem ich meine Verzweiflung und Angst nach außen gebracht habe, aber ich fiel immer wieder zurück in dieses dunkle Loch und in die Aussichtslosigkeit. Es war ein ständiger Wechsel. Und das ging einige Tage lang hin und her, bis ich es im Griff hatte.«

Dieses Zitat einer Seminarteilnehmerin zeigt deutlich, wie wir in Kränkungen seelisch »umgetrieben« werden: vom Gar-nichts-Spüren zu Wut und Verzweiflung und zurück. Bei kleinen Kränkungen werden diese Reaktionen weniger heftig ausfallen als bei großen. Aber im Grunde ist es immer derselbe Prozess: Wir schwanken zwischen der Depression und der Aggression, dem Gefühl, Opfer der Kränkung zu sein und dem Impuls, aggressiv zurückzuschlagen, lösen unser Problem aber erst dann, wenn wir in Kontakt mit unseren Gefühlen und Bedürfnissen kommen. Das kann einige Zeit in Anspruch nehmen, es kann uns aber, vor allem mit Unterstützung eines anderen Menschen, gelingen.

Der Zugang zu unseren Gefühlen und Bedürfnissen wird durch die traumatischen Gefühle, die im Zusammenhang mit unserem »wunden Punkt« stehen, erschwert. Die Seminarteilnehmerin beschrieb sie als dunkles, schwarzes Loch. Das ist eine sehr bedrohliche Erfahrung, die natürlich nicht bei allen Kränkungen auftritt. Bei schweren Verletzungen, beispielsweise bei Trennungen, kann es jedoch sein, dass der dadurch angesprochene »wunde Punkt« mit Panik, Angst und dem Gefühl, den Boden unter den Füßen zu verlieren, verbunden ist. Wenn das für Sie zutrifft und Sie merken, Sie kommen alleine nicht mehr zurecht, haben vielleicht sogar schon an Selbstmord gedacht, dann rate ich Ihnen, eine Therapeutin oder einen Therapeuten aufzusuchen, da Sie an dieser Stelle professionelle Hilfe benötigen. Es hat keinen Sinn, alles allein schaffen zu wollen, besser ist es, sich zur rechten Zeit die rechte Hilfe zu holen. Dieses Buch kann keine Therapie ersetzen, sondern nur Denkanstöße geben und Erfahrungsfelder schaffen.

Zurück zu unserem Modell. Der »wunde Punkt« als Folge früher seelischer Verletzungen, die nicht ausreichend verarbeitet werden konnten, ist der Dreh- und Angelpunkt des Kränkungsmodells. Hätten wir diese Verletzungen nicht, müssten wir uns auch keinen Schutzmechanismus aufbauen. Das tun wir nur, um zu vermeiden, erneut verletzt zu werden wie früher. Und unser Schutz besteht darin, in gefährlichen Situationen, wie beispielsweise Kränkungen, unsere Gefühle und Bedürfnisse nicht wahrzunehmen und die alten Wunden nicht zu spüren. Das gelingt uns dadurch, dass wir in der Depression und/oder Aggression leben und unsere Gefühle und Bedürfnisse abspalten, als gäbe es sie nicht. Wie wir aber gesehen haben, ist dieser Schutzmechanismus nicht nur sinnvoll, sondern macht uns auch anfällig für Kränkungen. Um also zu lernen, besser mit Kränkungen umzugehen, bedarf es zweierlei:

1. Zum einen ist es notwendig, eine Verbindung zwischen allen drei Gefühlszuständen zu schaffen.

2. Zum zweiten gilt es, die alten Verletzungen beziehungsweise deren Folgen zu heilen.

Zu Punkt 1: Verbindung schaffen
Die Pfeile im folgenden Modell repräsentieren die Verbindung, die wir herstellen wollen. Durch diese Verbindung erleben wir uns weniger gespalten, da wir alle Zustände erleben können und nicht nur Depression und/oder Aggression. Eine Verbindung im oberen Teil stellen wir her, indem wir beide Seiten ausführlich beschreiben und registrieren,

in welchem wir uns gerade befinden. Eine Verbindung nach unten stellen wir dadurch her, dass wir anfangen, unsere Gefühle, Bedürfnisse und Stärken in Kränkungssituationen wahrzunehmen.

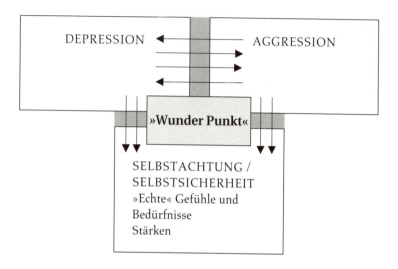

Um Ihre Depression und Aggression besser kennen zu lernen, bitte ich Sie jetzt, folgende Übungen durchzuführen.

Übung: »Wer bin ich?«

1. In der Depression
Fassen Sie noch einmal zusammen, wie Ihr Erleben in der Depression ist: Was fühlen Sie? Wie denken Sie? Wie reagiert Ihr Körper? Und wie verhalten Sie sich, wenn Sie sich im Zustand der Depression beziehungsweise der Minderwertigkeitsgefühle befinden? Was wollen Sie anderen von sich nicht zeigen? Was dürfen diese nie sehen? Wie werten Sie sich ab?

Ich fühle mich:

Ich denke über mich (werte mich ab):

Ich verhalte mich:

Mein Körper fühlt sich an / Meine Haltung ist:

2. In der Aggression:
Fassen Sie nun einmal zusammen, wie Ihr Erleben in der Aggression ist: Was fühlen Sie? Wie denken Sie? Wie reagiert Ihr Körper? Und wie verhalten Sie sich, wenn Sie sich im Zustand der Aggression befinden? Wie treiben Sie sich an, Ihre überhöhten Erwartungen zu erfüllen?

Ich fühle mich:

Ich denke über mich (ich treibe mich an):

Ich verhalte mich:

Mein Körper fühlt sich an / Meine Haltung ist:

3. In der Selbstachtung und Selbstsicherheit

Bedürfnisse und Gefühle
Wie schon beschrieben, verlieren wir in Kränkungssituationen den Zugang zu unseren Bedürfnissen und Gefühlen. Eine Möglichkeit, Kränkungen zu überwinden, ist demnach, sich in der aktuellen Kränkung Zeit zu lassen und herauszufinden, welche Wünsche gerade unbefriedigt bleiben und welche Gefühle vorherrschen.

Um welche Gefühle und Bedürfnisse handelt es sich bei Ihnen in den meisten Kränkungssituationen?

Meine Gefühle in Kränkungssituationen:

Folgende Bedürfnisse bleiben in den häufigsten Kränkungssituationen unerfüllt:

Selbstachtung
Neben den »echten« Gefühlen und Bedürfnissen in der aktuellen Kränkungssituation möchte ich Sie nun bitten, sich eingehender mit Ihrer Selbstachtung und Selbstsicherheit zu beschäftigen. Diese sind nämlich ein Schlüssel zu Ihrem Wohlbefinden und zur Überwindung von Kränkungen. Beantworten Sie dazu folgende Fragen:

Wie fühlen Sie sich? Wie denken Sie? Wie reagiert Ihr Körper? Und wie verhalten Sie sich, wenn Sie sich im Zustand der Selbstachtung, Selbstsicherheit und positiven Lebensenergie befinden? Die Befriedigung welcher Bedürfnisse stärkt Ihre Selbstachtung und Selbstsicherheit? Welche Stärken erkennen Sie im Zustand der Selbstachtung und Selbstsicherheit?

Ich fühle mich:

Ich denke über mich:

Ich verhalte mich:

Mein Körper fühlt sich an / Ich halte mich:

Die Erfüllung folgender Bedürfnisse trägt zu meiner Selbstachtung bei:

Meine Stärken sind:

Übung: Überwindung von Selbst- und Fremdabwertungen

Abwertungen sind ein wichtiger Mechanismus, der die Spaltung zwischen Depression, Aggression und Selbstachtung/Selbstsicherheit in Gang hält. Durch Selbstabwertungen halten Sie sich im Zustand der Depression, spüren keine Aggression, aber auch nicht Ihre Selbstachtung und Selbstsicherheit. Um die Aggression in Ihnen zu wecken, drehen Sie den Spieß um und Sie fangen an, die andere Person abzuwerten: Sie beschimpfen sie direkt oder leise für sich, empören sich über die Art, wie sie mit Ihnen umgeht und fühlen sich dadurch überlegen.

Selbst- und Fremdabwertungen gehören untrennbar zusammen: Wer dazu neigt, sich selbst abzuwerten, tut dasselbe auch mit anderen.

Um die Selbst- und Fremdabwertungen aufzuheben, ist es nötig, die Abwertungen aktiv und bewusst einzustellen und stattdessen zu einer positiven Haltung uns und den anderen gegenüber zu kommen. Auch Ihr Ärger ist kein Grund, andere schlecht zu machen, ebenso wenig wie Ihre Selbstzweifel Sie dazu berechtigen, sich als minderwertig darzustellen. Sie werden auf diese Weise weder sich noch den anderen gerecht.

Wie kommen Sie dahin, Ihre Abwertungen zu unterbinden? Sie können lernen, Alternativen zu Ihren Selbst- und Fremdabwertungen zu entwickeln, und sie dann in Kränkungssituationen anzuwenden. Suchen Sie daher für sich selbst und für die kränkende Person angemessene Einschätzungen, die keine Entwertungen enthalten, sondern Ihre Beobachtung und Erfahrung mit sich und der anderen Person beschreiben. Formulieren Sie Stärken für sich und die andere Person. Damit schärfen Sie den positiven Blick auf sich und Ihr Gegenüber. Ergänzen Sie die folgende Tabelle nach dem Beispielmuster mit Ihren eigenen Selbstabwertungen und den Alternativen.

SELBST-ABWERTUNG	ANGEMESSENE EINSCHÄTZUNG	STÄRKEN
Ich bin blöd.	Manchmal (oft) verhalte ich mich unklug und mache Fehler.	Ich lerne aus meinen Fehlern. Ich bin ehrlich zu mir.

FREMD-ABWERTUNG	ANGEMESSENE EINSCHÄTZUNG	STÄRKEN
Die/der andere ist blöd.	Sie/er hat in meinen Augen einen großen Fehler gemacht.	Sie/er kann auch einfühlsam sein

Übung: Machen Sie sich ein Bild von Ihrer Depression, Ihrer Aggression und Ihrer Selbstachtung

Suchen Sie sich je ein Bild für Ihre Depression, Aggression und Ihre Selbstachtung.

Wie sieht Ihre Depression aus? Welche Farben und welche Form hat sie? Ist sie ein Gegenstand oder eine Person, eine Landschaft oder ein Gebäude oder etwas Abstraktes? Ihrer Fantasie sind keine Grenzen gesetzt. Jedes Bild ist erlaubt, vorausgesetzt, es trifft für Ihren depressiven Zustand zu.

Machen Sie dasselbe auch mit Ihrer Aggression. Finden Sie auch hier das entsprechende Bild und malen Sie es am besten auf.

Als Drittes nehmen Sie ihre Selbstachtung, den Zustand, in dem Sie mit ihren »echten« Gefühlen und Bedürfnissen in Kontakt sind. Wie sieht der aus? Welches Symbol drückt den Zustand besonders gut aus, in dem Sie sich gut und selbstsicher fühlen?

Beginnen Sie am besten mit der depressiven Seite, und enden Sie mit der Selbstachtung. Dann bleibt zum Schluss das selbstwertstärkendere Bild, das Ihnen positivere Gefühle vermittelt.

Nehmen Sie sich ein passend großes Papier, auf das Sie Ihre Bilder für alle drei Zustände malen. Sollten Sie Probleme haben, die Bilder zu malen, dann beschreiben Sie sie schriftlich so ausführlich wie möglich.

Variation
Wenn Sie diese Übung in einer Gruppe machen, dann malen am besten alle Teilnehmer und Teilnehmerinnen auf ein Blatt und betrachten hinterher, wie die einzelnen Bilder

zueinander stehen, sich eventuell berühren oder beeinflussen. Möchten Sie von sich aus Kontakt zu einem anderen Bild aufnehmen? Verändert sich dadurch Ihre Gestalt? Was können oder wollen Sie tun, um Ihrem Bild eine neue, positivere Bedeutung zu geben?

Ich habe diese Übung in abgewandelter Form schon häufig in Seminaren gemacht und erlebt, wie tief sie gehen kann. Vor allem die Bilder für die Depression rufen manchmal Ängste oder Bedrückung hervor. Deshalb empfiehlt es sich, die Übung zu zweit oder in einer Gruppe zu machen. Auch die Bilder für Ihre Aggression können Sie möglicherweise erschrecken, wenn Sie sich beispielsweise für friedliebend halten und auf einmal sehen, wie viel Wut in Ihnen steckt.

Sogar das Bild Ihrer Selbstachtung und Selbstsicherheit kann Ihnen Probleme bereiten, falls Sie viele innerliche Verbote haben, sich gut und stark zu fühlen und Ihre Stärken nicht benennen dürfen. Nach dem Motto: Eigenlob stinkt, und es ist nicht erlaubt, es sich gut gehen zu lassen.

Weitere Variationen:
1. Um das Erleben zu intensivieren, können Sie Ihre Bilder szenisch darstellen: Spielen Sie den depressiven und den aggressiven Zustand sowie Ihre Selbstachtung und Selbstsicherheit wie eine Schauspielrolle und treten Sie mit den anderen Personen in deren Rollen in Kontakt. Was passiert, wenn Sie in der depressiven Rolle einer anderen Frau in ihrer aggressiven Rolle begegnen, oder wenn Sie im Zustand der Selbstachtung und Selbstsicherheit auf eine Depressive stoßen? In Gruppen können sie viel aus diesen Spielen lernen, noch dazu machen sie Spaß.

2. Eine weitere Variante ist ein Dialog beziehungsweise Trialog zwischen Ihrem depressiven und Ihrem aggressiven Zustand sowie Ihrer Selbstachtung.

a) Sie spielen alle drei Zustände abwechselnd und sprechen Sie jeweils aus der Depression, der Aggression und der Selbstachtung/Selbstsicherheit heraus. So kann beispielsweise die Depression Fragen an die Selbstachtung und Selbstsicherheit haben oder die Aggression sauer auf die Depression sein, weil sie an ihrer Opferhaltung festhält. Es ergibt sich daraus ein Gespräch aus Fragen und Antworten, das dem besseren Kennenlernen von sich selbst dient. Denn was wissen die drei Seiten schon voneinander? Wenig oder nichts. Und um das zu verändern, reden sie miteinander.

b) Sie spielen einen Zustand wieder als Rolle und zwei TeilnehmerInnen aus der Gruppe spielen Ihre zwei anderen Zustände. Sie beginnen nun ein Gespräch oder begegnen sich ohne Worte. Lassen Sie sich überraschen, was sich entwickelt. Sollte es eine Therapiegruppe sein, kann die Therapeutin oder der Therapeut hilfreich den Prozess unterstützen.

Durch diese Übungen entdecken Sie automatisch Teile von sich: die Ohnmacht, die Angst und die Verletzungen ebenso wie Ihre Stärken und Schwächen, die Freude, die Potenz und Ihre Beweglichkeit, von der einen Rolle in die andere zu schlüpfen. Und all das gehört zu Ihnen und will integriert und gelebt werden.

Zu Punkt 2: Alte Wunden heilen
Wie bereits erwähnt, kommen wir in Kontakt mit emotionalen Verletzungen, wenn wir uns auf den Weg zu unseren Gefühlen und Bedürfnissen machen. Vielleicht sind Sie durch die obigen Übungen schon auf einige gestoßen. Sollten die Verletzungen tief liegen, dann scheuen Sie sich

nicht, professionelle Hilfe bei Therapeuten zu suchen. Denn die Therapie ist ein guter Ort, um heil zu werden. Wir heilen unsere Wunden dadurch, dass wir sie annehmen und die Trauer und den Schmerz, der damit verbunden ist, spüren und ausdrücken. Mit einer therapeutischen Begleitung kann ein solcher Prozess sinnvoll unterstützt werden.

Ihr persönliches Kränkungsmodell

Um Ihr persönliches Kränkungsmodell ausfüllen zu können, nehmen Sie bitte die Ergebnisse aus den letzten Übungen und tragen Sie das, was Sie bisher herausgefunden haben, in die Kästchen des Modells ein. Links stehen Ihre Themen, die mit der Depression verbunden sind beziehungsweise Ihr Depressionsbild sowie Ihre häufigsten drei Selbstabwertungen, rechts daneben die Inhalte der Aggression beziehungsweise Ihr Aggressionsbild und Ihre drei wichtigsten Fremdabwertungen. Dem dritten Kästchen ordnen Sie bitte Ihre Gefühle und Bedürfnisse zu, die bei Ihnen im Wesentlichen in Kränkungssituationen zum Tragen kommen. Haben Sie Themen zu Ihrem »wunden Punkt«, tragen Sie diese bitte in der Mitte ein.

Eine weitere, zentrale Frage im Rahmen von Kränkungen ist: Woran machen Sie Ihr Selbstwertgefühl fest?

In der Regel spüren Sie sich als wertvoll und würdig, wenn Sie bestimmte Leistungen erbringen oder Ideale erfüllen. Und an diesen Punkten sind Sie empfänglich für Kränkungen, dann nämlich, wenn Sie in Ihren Augen nicht das leisten, was Sie von sich erwarten. Wenn Sie jedoch wissen, welche Erwartungen Sie erfüllen müssen, damit Sie sich wertvoll fühlen, können Sie sie einer kritischen Prüfung unterziehen und entscheiden, ob sie wirklich einlösbar sind oder nicht. Zu diesem Zweck schreiben Sie bitte in das rechte Kästchen Ihre überhöhten Erwartungen hinein, an die Sie Ihr Selbstwertgefühl knüpfen. In das untere Kästchen schreiben Sie bitte Ihre Stärken, die unabhängig von Ihren Erwartungen existieren.

Bitte formulieren Sie nun Ihre überhöhten Erwartungen so um, dass sie von Ihnen erfüllt werden können. Ansonsten setzen Sie sich einem ständigen Gefühl des Versagens aus, was einer permanenten Kränkung gleichkommt.

Angemessene Erwartungen:
Ich tue mein Bestes, und wenn ich einen Fehler gemacht habe, dann verzeihe ich mir und gehe nicht davon aus, dass andere mich unmöglich finden und sich abwenden.

Ich muss nicht wichtiger als andere sein, um gemocht zu werden.

Auch wenn ich nicht perfekt bin, habe ich meine Stärken.

Bevor Sie jedoch mit dem Ausfüllen beginnen, formulieren Sie nun Ihre überhöhten Erwartungen so um, dass sie von Ihnen erfüllt werden können. Ansonsten setzen Sie sich einem ständigen Gefühl des Versagens aus, was einer permanenten Kränkung gleichkommt.

Mein persönliches Kränkungsmodell

DEPRESSION
Ich schäme mich, fühle mich für alles schuldig, muss alle Fehler und Schlechtes verstecken, muss alles tun, um den anderen versöhnlich zu stimmen.

3 Selbstabwertungen:

Ich bin schlecht.
Ich bin dumm.
Ich bin unwichtig.

AGGRESSION
Ich verachte den anderen, mache alles kaputt und zerstöre die Beziehung.

Überhöhte Erwartung:

Ich muss alles perfekt machen.
Ich muss allen gefallen.
Ich muss alles richtig machen.
Ich muss immer beachtet werden und wichtig sein.

3 Fremdabwertungen:

Du bist unwürdig.
Du bist der/die Letzte, von dem/der ich etwas brauche und nehme.
Du verstehst nichts.

THEMEN DES »WUNDEN PUNKTES«
Ich mache etwas falsch, werde dafür verlassen und muss zur Buße leiden.

SELBSTACHTUNG
Gefühle: Scham, Angst, Hass

Bedürfnisse: beachtet, geliebt werden, wichtig sein

Stärken: Humor, Witz, Selbstreflexion, Zuverlässigkeit, Fleiß

Mein persönliches Kränkungsmodell

DEPRESSION	AGGRESSION
	Überhöhte Erwartung:
3 Selbstabwertungen:	*3 Fremdabwertungen:*

THEMEN DES »WUNDEN PUNKTES«

SELBSTACHTUNG
Gefühle:

Bedürfnisse:

Stärken:

Sie und Ihr gekränktes/kränkbares Gegenüber

Wie schon im Kapitel »Das Kränkungsmodell hat zwei Dimensionen« erwähnt, denken manche Menschen bei Kränkung eher daran, jemanden gekränkt zu haben, als gekränkt zu werden. Diese Menschen leiden in der Regel auch sehr stark mit dem Gekränkten mit. Aus meiner Beobachtung reagieren auf diese Weise sowohl Frauen als auch Männer. Die erste Empfindung, wenn sie jemanden gekränkt haben, sind Schuldgefühle und die Anklage »Ich hab was falsch gemacht«.

Sie konzentrieren sich dabei mehr auf den anderen als auf sich selbst und leiden in ähnlichem Maße wie die/der Gekränkte.

»Als Kränkendem wird mir richtig schlecht, wenn ich daran denke, jemanden zu verletzen. Mir könnten die Tränen kommen. Und ich tue alles, um es wieder gut zu machen«, sagte ein Seminarteilnehmer. Er übernimmt das Leid des Gekränkten und macht es zu seinem eigenen. Als sitze er mit dem anderen in einem Boot und könne es nicht aushalten, den anderen verletzt zu haben. Ein Teil seines Mitleids stellte sich als Projektion seines eigenen Kränkungsschmerzes heraus: Er litt quasi im anderen an seinem eigenen Schmerz. Projektion bedeutet, dass er sein Gefühl in den anderen hineinlegt, vergleichbar mit einem Dia, das auf eine Leinwand projiziert wird. Das Dia entspricht dem Gefühl, die Leinwand dem Gekränkten. Das überstarke Mitfühlen mit dem Leid des anderen beruht dann darauf, dass das fremde Leid das eigene auslöst. Wenn er nun seinen Schmerz im anderen sieht, leidet er. In der Projektion nimmt er jedoch den Schmerz hauptsächlich als Schmerz des anderen wahr, weniger oder gar nicht als seinen eigenen.

Leiden Sie als Kränkende ebenso oder noch mehr als die Gekränkten selbst, dann ist es an der Zeit, sich Ihrem eigenen Kränkungsschmerz zuzuwenden. Welche alten Kränkungen und Verletzungen sind noch nicht verarbeitet, dass sie immer wieder wachgerufen werden? Je besser Sie Ihre leidvollen Geschichten abschließen, umso weniger müssen Sie in Zukunft mitleiden oder andere schonen.

Denn ein solches Verhalten kann beispielsweise im Beruf problematisch werden, vor allem, wenn Sie in einer vorgesetzten Position tätig sind. Denn dann müssen Sie Ihre Mitarbeiter auf Fehler hinweisen, ihnen Anweisungen geben und sie dadurch möglicherweise kränken. Vermeiden Sie das, weil es Ihnen zu wehtut, können Sie Ihre Führungsaufgaben nicht genügend erfüllen und werden Ihre Position möglicherweise verlieren oder selbst von einem höheren Vorgesetzten kritisiert werden. Auf jeden Fall wird die Zusammenarbeit schwierig, da Sie aufgrund Ihrer Führungsschwäche nicht genügend Unterstützung von den Kollegen erfahren, möglicherweise sogar nicht ernst genommen werden oder schlimmstenfalls Ihre Arbeit boykottiert wird. Die Konsequenzen aus einer solchen Schonhaltung können Missverständnisse und Vertrauensverlust sein.

Auch in privaten Beziehungen kann eine Schonhaltung zu starken Konflikten führen. Sagen Sie Ihrer Partnerin beispielsweise eine »unangenehme« Wahrheit nicht, um sie nicht zu kränken, diese aber hintenherum davon erfährt, dann wird sie das als mangelndes Vertrauen Ihrerseits auslegen und erst recht gekränkt sein. So gut gemeint eine Schonung auch sein mag, sie beinhaltet zugleich eine Entwertung des anderen: Sie unterstellen Ihrer Partnerin nämlich, sie könne mit einem solchen Problem nicht fertig werden und sprechen ihr damit Kompetenz ab. Das allerdings wird sie mit Recht kränken.

Immer dann, wenn wir andere schonen, schonen wir »eigentlich« etwas in uns. Wenn wir daher jemanden vor Kränkung schützen wollen und uns zu diesem Zweck zurückhalten, sollten wir uns die Frage stellen, was wir in uns schonen.

Was schonen Sie in sich, wenn Sie jemanden vor einer möglichen Kränkung bewahren wollen?

Neben dem Mitleid und dem Schonen gibt es noch eine Reihe anderer Reaktionen auf gekränkte Gegenüber.
Häufig fühlen wir uns als Kränkende ohnmächtig und hilflos, wenn wir die Verursacher der schlechten Laune des anderen sind. Zumal, wenn wir keine Chance bekommen, deutlich zu machen, dass es nicht unsere Absicht war, zu kränken. Geht der Gekränkte auf kein Gespräch oder keine Entschuldigung ein, lässt sich das Problem nicht lösen und wir fühlen uns allein gelassen. Vor allem wenn das Gegenüber sehr kränkbar ist, tendieren wir dazu, unsere Grenzen nur vorsichtig zu ziehen oder ganz darauf zu verzichten. Um nicht eine erneute Kränkung auszulösen, machen wir lieber alles mit und zeigen gute Miene zum bösen Spiel. Dass darin der nächste Kränkungskonflikt angelegt sein kann, entgeht uns meist.

Im Zusammensein mit einem sehr kränkbaren oder gekränkten Gegenüber geht oft die Spontaneität im Verhalten verloren. Wir verkrampfen uns, fühlen uns nicht frei, uns so zu verhalten, wie wir es möchten, sondern kontrollieren uns stark. Damit ist auch schon die nächste Reaktionsvariante erklärbar: der Verzicht auf Eigenständigkeit und Authentizität als konsequente Folge. Im Grunde lassen wir den Gekränkten diktieren, wie wir uns zu verhalten haben, was auf Kosten unserer freien Entscheidung geht. Das kann bis zur Tyrannei durch die Gekränkten reichen. Die Kränkenden fühlen sich tyrannisiert durch die Empfindlichkeit, Launenhaftigkeit und das Leiden der Gekränkten.

Die Kränkbarkeit wird nicht selten als Machtmittel gegen den Kränkenden eingesetzt, ihn zu manipulieren, Verantwortung für den Gekränkten zu übernehmen und ihn zu entlasten. Das löst auf der Seite der Kränkenden Ärger aus, da diese sich erpresst fühlen. Und das umso mehr, je unverständlicher die Kränkungsreaktionen sind. Fies werden ist dann ein hilfloser Versuch, seinen Ärger dem Gekränkten gegenüber auszudrücken, sich vor ihm zu schützen und/oder ihm »etwas« zurückzugeben. Aber auch Traurigkeit kann die Folge sein, die jedoch dem Gekränkten meist nicht gezeigt wird, um sich ihm nicht unnötigerweise auszuliefern.

Im Laufe der Zeit kann durch die Gekränktheit des Partners/der Partnerin die Beziehung so stark belastet sein, dass sie erstarrt oder zu Ende geht. Durch das ständige Gefühl der Frustration gibt es keine positive Dynamik mehr in der Beziehung. Nicht selten resignieren die Partner und die Beziehung verkümmert und stirbt ab.

Zusammenfassend können wir festhalten, dass die Situation für die Kränkenden mindestens so belastend sein kann wie für die Gekränkten. Aus Schuldgefühlen heraus unterlassen sie Dinge, die für sie wichtig wären, sie verleugnen sich, negieren ihre Bedürfnisse und reagieren emotional selten authentisch. Mit der Zeit jedoch kann die Anpassung in Ärger oder sogar blinden Hass umschlagen. Dann nämlich, wenn sie keine Veränderung beim Gekränkten wahrnehmen und sie in der Beziehung immer in die Rolle der so genannten »Bösen« geraten. Im Grunde können sie dann tun, was sie wollen, es kann ihnen vom gekränkten oder kränkbaren Gegenüber immer als Boshaftigkeit oder böse Absicht ausgelegt werden.

Der Zorn der Kränkenden resultiert auch aus der Ablehnung der Verantwortung, die der Gekränkte für sich nicht übernehmen will. Die Rollen sind klar verteilt: Die Kränkenden sind die Schuldigen, die Gekränkten die Opfer, also haben die Kränkenden die Verantwortung, die »Schuld«.

Was hier vorliegt, wird in der Gestalttheorie Konfluenz genannt: Die Konturen der einzelnen Personen sind nicht mehr genau erkennbar, sie sind keine eigenständigen Personen mehr. So wie Milch in schwarzem Kaffee. Im Gegensatz zu Milchkaffee ist das emotionale Zusammenfließen in der Kränkungssituation jedoch kein Genuss, sondern geht letztlich auf Kosten beider Partner.

Die Auflösung der Konfluenz geschieht dadurch, dass jede Person beginnt, für sich Verantwortung zu übernehmen, statt nur auf das Problem des anderen fixiert zu sein. Das bedeutet keineswegs, dass uns der andere nichts mehr angeht oder er uns egal ist. Nein, es heißt, dass wir auf uns Acht geben und der andere auf sich. Haben wir beispielsweise jemanden gekränkt, so können wir uns entschuldigen, unsere Zuneigung mitteilen oder ihm unsere Unterstützung anbieten, aber wir können nichts tun, um ihm sein Leid abzunehmen. Auch wenn wir uns schuldig fühlen, wird es für den anderen nicht besser.

Indem jeder seine persönlichen Gefühle fühlt, seine eigenen Gedanken denkt, seine zu ihm gehörigen Bedürfnisse spürt, sind wir authentisch und können uns in Selbstachtung dem anderen zuwenden. Dazu gehört auch Mitgefühl für unser Gegenüber. Um uns besser in den/die Kränkende(n) einzufühlen und sie zu verstehen, kann folgende Übung hilfreich sein.

Übung: Die Rolle des Gekränkten übernehmen

Stellen Sie sich bitte vor, Sie wären die gekränkte Person. Wie fühlen Sie sich in dieser Rolle? Was macht Ihnen Probleme? Was brauchen Sie? Was könnte Ihnen helfen, aus Ihrer Kränkung herauszukommen?

Je mehr wir unser Gegenüber verstehen und herausfinden, wie wir hilfreich reagieren könnten, umso mehr Kontakt können wir zueinander herstellen und die Schwierigkeiten als Folge der Kränkung überwinden.

Überwindung von Kränkungen

Ziele der Veränderung

Jeder Veränderungsprozess beginnt mit der Beschreibung der Ziele, die Sie erreichen möchten. Vor dem Hintergrund dessen, dass Sie nicht anders werden können als Sie sind, ist es erforderlich, Ihre Ziele so zu formulieren, dass Sie daran wachsen können. Wachsen bedeutet einerseits, Potenziale in Ihnen zu wecken, die Sie selten oder nie nutzen. Zum anderen geht es darum, Hemmnisse, die Ihrer Entfaltung im Wege stehen, aufzudecken und abzubauen. Diese können in Ihrem Denken liegen, in Ihren Einstellungen oder in starren Verhaltens- und Reaktionsmustern.

Wenn Sie als Ziel definieren: »Ich möchte nicht mehr so kränkbar sein«, dann ist das zwar ein nachvollziehbarer Wunsch, aber er wird Ihnen kaum weiterhelfen. Als Veränderungsziel ist er nämlich wenig konstruktiv, denn er ist viel zu weit gefasst, beinhaltet weder ein Potenzial von Ihnen, das Sie wecken können, noch beschreibt er etwas, das Sie an Ihrer Entfaltung hindert. Je konkreter Sie demgegenüber Ihre Ziele formulieren und das, was Sie bereit sind dafür zu tun, umso erfolgreicher wird Ihr Lernprozess ausfallen.

Bevor Sie Ihre Veränderungsziele auflisten, ist es hilfreich, sich in eine für Sie typische Kränkungssituation hineinzuversetzen und herauszufinden, was Sie an Ihren Reaktionen verändern wollen. Finden Sie heraus, welches Verhalten, welche Einstellung und welche Gefühle Ihnen negative Folgen oder unangenehme Konsequenzen bringen.

Ein Beispiel mag Ihnen verdeutlichen, was ich meine: Frau Marks geriet immer wieder in starke Konflikte mit ihrem Mann und engen Freunden, wenn sie das Gefühl hatte, nicht genug beachtet zu werden. Diesen Eindruck bekam sie, wenn ihr Mann sich auf Festen mit anderen Menschen, speziell Frauen, amüsierte, mit denen sie sich verglich und dann schlecht abschnitt. Oder wenn ihre Freundinnen nicht ernsthaft genug nachfragten, wie es ihr gehe. Oder sie das Gefühl hatte, niemand kümmere sich um sie, weil alle auch ohne sie Spaß haben. In solchen Situationen war sie zutiefst gekränkt und fiel emotional »in ein dunkles Loch« – wie sie es nannte. Sie hielt sich für wertlos und uninteressant, litt unter ihrer Außenseiterrolle, zog sich beleidigt zurück und bestrafte sich, indem sie zu viel aß. Sie war dann auch überzeugt, nirgendwo dazuzugehören und nie richtig zu sein. Ihren Mann und ihre Freunde stieß sie vor den Kopf, indem sie sie böse anschaute und höchst unfreundlich behandelte. Sie vermittelte den Eindruck: Lasst mich bloß in Ruhe. Wenn sie das dann auch taten, wurde ihre Stimmung zunehmend schlechter, denn nun fühlte sie sich noch einsamer und hielt deren Verhalten für einen Beweis dafür, dass niemand sie mag. Ein Teufelskreis, den sie nicht mehr durchbrechen konnte, außer die Party zu verlassen und sich alleine ihrem Leid hinzugeben. Wenn es ganz schlimm kam, setzte sie sich zum Trost vor den Kühlschrank und aß wahllos in sich hinein. Oft stritt sie sich am Ende noch mit ihrem Mann wegen einer anderen Frau, und der Haussegen hing dann tagelang schief.

Dieses Verhalten wollte Frau Marks unter allen Umständen verändern, da sie es als unangemessen empfand und die negativen Konsequenzen fürchtete: sich nämlich ihre Beziehungen auf Dauer zu zerstören und ihre Freunde zu verlieren.

Sie formulierte nun folgendes Ziel:

Wenn ich mich zurückgesetzt fühle, möchte ich selbst Kontakt zu den Anwesenden aufnehmen und mich nicht noch mehr isolieren.

Welche Bedingung muss ich dafür erfüllen?

Dazu muss ich sowohl meine Angst vor Zurückweisung als auch meinen Stolz überwinden, beziehungsweise trotz der Angst und des Stolzes aktiv werden.

Ein weiteres Ziel war:

Ich möchte herausfinden, warum ich so empfindlich reagiere und was mir nachhaltig helfen kann, meine Kränkbarkeit abzubauen.

Die dazugehörige Bedingung:

Dazu muss ich mich meiner Verletzlichkeit stellen, statt sie zu verdrängen.

Bitte formulieren Sie nun anhand einer oder mehrerer für Sie typischer Kränkungssituationen in ähnlicher Weise Ihre Veränderungsziele und die dazugehörigen Bedingungen. Sie können sich dabei an den folgenden Beispielen orientieren:

- Ich möchte die anderen achten, auch wenn ich mich zurückgesetzt fühle.
- Bevor ich auf eine erlittene Kränkung vorwurfsvoll reagiere, möchte ich erst erfahren, warum die Person sich

mir gegenüber so unangemessen und in meinen Augen verletzend verhalten hat.
Dazu ist es nötig, meine Ängste, verlassen zu werden oder nicht mehr gemocht zu werden, auszuhalten und anzuerkennen.
- Ich möchte lernen, die Verantwortung für meine Gefühle zu übernehmen.
- Ich möchte die innere Verbindung zu den Menschen aufrechterhalten, auch wenn ich durch sie sehr verletzt bin.
- Ich möchte lernen, die Heftigkeit meiner Gefühle zu kontrollieren und mich in ruhigem Ton mit dem anderen auseinander zu setzen.
Dazu ist es nötig, konstruktive Wege zu finden, um meine Spannung abzubauen.
- Ich möchte mich und die anderen in Kränkungssituationen weiterhin akzeptieren.
- Ich möchte die Ruhe bewahren.
- Ich möchte mich gegen ungerechtfertigte Unterstellungen besser verteidigen können.
Dazu ist es nötig, mit meiner Kraft in Kontakt zu bleiben und mich ebenso wichtig zu nehmen wie den anderen.
- Ich möchte lernen, meine Wünsche direkt auszudrücken.
Dazu brauche ich Mut und Unterstützung.
- Ich möchte ehrlich bleiben, auch wenn ich aushalten muss, den anderen zu kränken.
- Ich möchte meine Sachlichkeit auch bei seelischen Verletzungen beibehalten.
- Ich möchte nur dann Harmonie herstellen, wenn diese auch für mich stimmig ist.

Formulieren Sie Ihre Ziele immer positiv, also ohne Verneinungen wie »nicht«, »kein«, »weder – noch« und dergleichen. Denn der unbewusste Teil unseres Gehirns funktioniert rein bildhaft und registriert daher keine Verneinungen.

-
-
-
-
-
-
-
-
-
-
-
-

Was hindert Sie, Ihre Ziele zu verwirklichen?

Durch meine Frage an Frau Marks, was ihr denn im Wege stehe, um ihre Ziele zu erreichen, wurde ihr klar, dass es vor allem ihr negatives Selbstbild, ihre Angst und ihr Stolz sind: Im Grunde hat sie nämlich das starke Bedürfnis, im Mittelpunkt zu stehen und von anderen Beachtung zu bekommen. Ihr Stolz verbietet es ihr, diesen Wunsch mitzuteilen, denn sie würde sich in ihren Augen bloßstellen und lächerlich finden und genau das will sie verhindern. Sie befürchtet im tiefsten Inneren, von anderen abgelehnt zu werden, so wie sie sich selbst ablehnt. Viele Erlebnisse des Ausgestoßenseins in ihrer Kindheit haben in ihr ein negatives Selbstbild hinterlassen, von dem sie sich bis heute nicht lösen konnte, obwohl sie von ihrem Mann und ihren Kindern sehr wohl geliebt und angenommen wird und das auch spüren kann.

Bitte finden Sie nun die Hindernisse heraus, die es Ihnen schwer machen, Ihre Kränkungsreaktion zu verändern, zum Beispiel:
- Die Angst, nicht mehr gemocht zu werden.
- Ihr Stolz, denn Sie wollen nicht klein beigeben.
- Sie fühlen sich nicht berechtigt, für sich einzustehen.
- Sie glauben nicht an ihre Stärken.
- Sie fühlen sich minderwertig.
- Ihre Angst, allein gelassen zu werden.
- Ihre Ungeduld.
- Ihre innere Unsicherheit.
- Ihr Wunsch nach unbedingter Anerkennung.

Aus der Kränkung aussteigen

Entscheidung

Die Überwindung von Kränkungen hat im Wesentlichen mit einer Entscheidung zu tun. Die dazugehörige Frage lautet: Will ich mich im Zustand der Depression weiterhin als Opfer fühlen beziehungsweise im Zustand der Aggression den Racheengel spielen oder will ich mich wieder gut und integriert fühlen und versuchen, das Problem, das mit der Kränkung zusammenhängt, konstruktiv zu lösen?

Warum überhaupt diese Frage, werden Sie vielleicht jetzt denken, natürlich wollen Sie sich gut fühlen. Doch Sie wissen aus Erfahrung, wie schwer es Ihnen oft fällt, auf Ihre Opferrolle oder Ihre Aggression oder Rache zu verzichten. Um wie viel einfacher ist es doch beispielsweise, jemandem den Rücken zuzukehren und den Kontakt abzubrechen, als einen Konflikt anzusprechen und auszutragen. Noch dazu handelt es sich bei einem Kränkungskonflikt meist um ein Problem, mit dem vielfältige Emotionen verbunden sind und dessen Klärung deshalb manchmal schwieriger ist oder erscheint als das Austragen einer rein sachlichen Streitfrage. Zudem müssen Sie einen Schritt auf die andere Person zugehen, obwohl Sie sich doch verletzt fühlen. Dann müssen Sie Ihr Problem ansprechen, ohne zu wissen, ob Ihnen Ihr Gegenüber zuhört und auf Sie eingeht. Damit gehen Sie ein Risiko ein, das Sie vermeiden, solange Sie den Konflikt schwelen lassen. Wäre es nicht eine erneute Kränkung, abgewiesen zu werden und »im Regen zu stehen«?

All diese realen oder möglichen Unannehmlichkeiten nehmen Sie in Kauf, wenn Sie die obige Frage, ob Sie etwas am Ist-Zustand der Kränkung verändern wollen, mit »Ja« beantworten.

Warum sollten Sie es überhaupt tun, wenn es so schwierig und unbehaglich ist oder werden könnte? Bitte suchen Sie Gründe, die dafür sprechen, trotz der oben aufgeführten Risiken und Schwierigkeiten aus der Kränkung auszusteigen:

Die Entscheidung, aus Ihrer Opfer- oder Täterrolle auszusteigen, treffen Sie selbst. Und Sie können sie in jeder Kränkungssituation erneut treffen beziehungsweise müssen es sogar. Denn Sie können sich nicht heute entscheiden, nie mehr kränkbar zu sein, sondern Sie können nur immer wieder in der aktuellen Situation den Rückweg antreten.

> Wir entscheiden selbst, ob wir in unseren Kränkungsgefühlen bleiben oder nicht.

Wie kann die Entscheidung getroffen werden?

Zwei Dinge sind notwendig, um diese Entscheidung zu treffen:

1. Machen Sie sich bewusst, dass Sie gekränkt sind.
Das spüren Sie an bestimmten Gefühlen, Ihrem Verhalten und Ihren Körperreaktionen, die Sie im Laufe dieses Buches als Zeichen Ihrer Kränkung kennen gelernt haben.

2. Stoppen Sie sich im Ausleben Ihrer Depression oder Aggression.
Ihre Opferhaltung bemerken Sie beispielsweise an folgenden Gedanken und Einstellungen: »Ja, ich weiß eh, dass ich am Ende immer draufzahle« oder »Ich bin immer schuld«. Damit reizen Sie Ihr Gegenüber möglicherweise nur noch mehr, Sie erneut zu verletzen. Zudem schwächen Sie Ihr Selbstwertgefühl erheblich, wenn Sie in einer solchen Weise auf den anderen reagieren. Sobald Sie wahrnehmen, was Sie tun, halten Sie ein und besinnen Sie sich darauf, was Sie eigentlich von Ihrem Gegenüber wollen oder welche Position Sie vertreten.

Dasselbe gilt natürlich auch für die Aggression: Halten Sie sich zurück, wenn Sie spüren, dass Sie verbal um sich schlagen, den anderen »niedermachen« oder gar gewalttätig werden. Sie werden es möglicherweise sonst hinterher bereuen.

Außerdem werden Sie durch Ihre Aggressivität Ihr Ziel ebenso wenig erreichen wie durch Ihr depressives Verhalten.

Die folgenden Übungen und Anregungen können Ihnen helfen, aus dem Kränkungserleben herauszukommen.

Stellen Sie den Zugang zu Ihren Bedürfnissen und Gefühlen her

Die Überwindung von Kränkungen gelingt Ihnen, wenn Sie mit Ihrer Selbstachtung, Ihren Stärken, Ihren Gefühlen und Bedürfnissen in Kontakt kommen und dadurch Ihre Selbstsicherheit stärken. Im Kränkungsmodell habe ich schon beschrieben, wie Sie sich in der Kränkungsreaktion diesen Zugang verbauen und hauptsächlich Ihre Depression und Aggression erleben und aus diesen heraus handeln. Nicht nur, dass Ihr Verhalten Ihnen selbst und anderen gegenüber von Destruktivität gezeichnet ist (Abwertungen, Beschimpfungen, Gewalt etc.), Sie fühlen sich auch schlecht, egal ob Sie sich in der Opferrolle oder in der Täterrolle befinden. Um das durch die Kränkung ins Schwanken gekommene innere Gleichgewicht wiederherzustellen, ist es notwendig, Ihre »echten« Gefühle und Bedürfnisse zu erkennen. Indem Sie Ihre depressiven und aggressiven Kränkungsreaktionen nicht ausleben und innerlich einen Schritt zurücktreten, gewinnen Sie den Zugang zu sich. Das können Sie beispielsweise dadurch erreichen, dass Sie sich sagen: »Nun mal langsam, was passiert hier eigentlich?« Indem Sie sich zurücknehmen, können Sie spüren, dass Sie verletzt, traurig, wütend oder beschämt sind. Es ist oft hilfreich, die Gefühle auszudrücken, sie jemandem mitzuteilen, zu weinen und zu schimpfen. Sie werden sich hinterher leichter fühlen und können dann besser herausfinden, was Sie von der Person, von der Sie sich gekränkt fühlen, brauchen. Wenn Sie Ihre Gefühle akzeptiert und ausgedrückt haben und Ihre Bedürfnisse wahrnehmen, können Sie sich anders verhalten und die Kränkung schneller oder leichter überwinden.

Ihre »echten« Gefühle sowie Ihre Kränkungsgefühle auszudrücken ist leichter, wenn Sie es einem Menschen gegenüber tun, der Ihr Vertrauen besitzt und dem gegenüber Sie sich zeigen können, wie Sie sind. Wenn Sie einfach mal losschimpfen und sich über die Ungerechtigkeit beklagen dürfen, die Ihnen widerfahren ist, dann tut das gut. Die Rolle der anderen Person ist dabei die eines wohlwollenden Zuhörers, der Unterstützung gibt und im besten Fall am Ende einen konstruktiven Vorschlag oder einen Kommentar zu dem sachlichen Teil des Geschehens abgibt. Für Sie bedeutet es, nicht »vernünftig« sein zu müssen und die Erlaubnis zu haben, alles ungefiltert »rauszulassen«. Dann können Sie mit klarerem Blick auf das Geschehen schauen und auch Ihren eigenen Teil an dem Konflikt besser erkennen und zugeben.

Auf ein spezielles Gefühl, das der Scham, möchte ich hier noch etwas näher eingehen, weil es im Rahmen von Kränkungsreaktionen eine erhebliche Rolle spielt. Scham verhindert oft den Zugang zu unseren Gefühlen, weil wir sie mit aller Macht zu unterdrücken versuchen. Wie können wir also konstruktiv mit der Scham umgehen?

Scham ist ein wesentliches Gefühl im Zusammenhang mit Kränkungen. Ob wir durch Kritik auf einen Fehler hingewiesen werden oder uns durch die Ablehnung eines anderen Menschen wertlos fühlen, beides kann uns beschämen, da wir mit »negativen« Seiten von uns konfrontiert werden und uns eingestehen müssen, dass ein anderer sie auch wahrgenommen hat. Wir sind nicht so »gut«, wie wir sein müssten, und schämen uns dafür.

Obwohl Scham ein gleichwertiges Gefühl wie Traurigkeit, Ärger, Angst und Freude ist, haben wir dennoch viel mehr Schwierigkeiten, sie zuzulassen. Wir tun so, als dürfte dieses Gefühl nicht da sein, als müssten wir es schnell »wegmachen«, sowohl bei uns als auch bei anderen. Wir halten Scham fast nicht aus. Ein hilfreicher Umgang mit diesem Gefühl besteht darin, es zu spüren und zugleich unsere Selbstachtung aufrechtzuerhalten.

So formulierte es auch eine Seminarteilnehmerin: »Ich gehe innerlich die Situation durch, ob das, was ich getan habe, wirklich Anlass war, dass die kränkende Person mich so behandelt. Und das hilft mir, denn meist kommt heraus, dass es nicht so schlimm war, was ich getan habe, dass ich mich nicht schämen muss, weil ich einen Grund hatte, das zu tun, was ich tat. Mir tut gut zu spüren, dass meine Sichtweise auch etwas gilt, nicht nur die der anderen Person.«

An diesem Beispiel wird deutlich, dass durch das Erinnern und Nachdenken das Schamgefühl beeinflusst wird. Indem Sie überlegen, was Sie getan haben, was die andere Person getan hat und was überhaupt passiert ist, verändert sich Ihre Gefühlslage. Da zur Kränkung die Verwirrung gehört, führt klares Nachdenken oft zur Lösung. Dadurch lässt sich die Scham und die Kränkung überwinden.

Scham hängt immer mit einer Kontrollinstanz zusammen, die bewertet und sagt, was richtig und falsch ist. Bei »falsch« setzt die Scham ein. Da diese Instanz oft sehr rigoros ist und nach strengen Maßstäben urteilt, ist das bewusste Wahrnehmen unseres Verhaltens so wichtig. Denn es kann gut sein, dass wir uns gar nicht verurteilen müssen und uns nicht zu schämen brauchen, wenn wir darüber nachdenken. Zur Behinderung wird die Scham, wenn wir uns als schlecht verurteilen, uns daraufhin zurücknehmen, uns nichts mehr trauen und uns noch mehr kontrollieren.

Wenn Scham auftritt, deutet es darauf hin, dass wir Schutz brauchen und uns möglicherweise verkriechen wollen. Am besten folgen wir diesem Impuls, indem wir uns unter eine Decke flüchten oder uns vor fremden Blicken abschirmen. Denn in der Scham fühlen wir uns entblößt, bloßgestellt und brauchen daher Sicherheit, um unsere Grenzen wieder herzustellen. Scham bedeutet auch, wir werden gesehen, wie wir nicht gesehen werden wollen. Dürfen wir so sein wie wir sind? Wenn wir in der Beschämung spüren, dass die andere Person uns wertschätzt, ist das ein klares Ja auf diese Frage. Wenn wir im Beisein einer anderen Person, der wir vertrauen, unsere Scham zulassen können, hilft es uns, besser mit diesem stark verunsichernden Gefühl umzugehen. Wir müssen die Scham nicht wegschieben, aber auch nicht in ihr gefangen bleiben und uns lähmen, sondern können lernen, trotz der Beschämung handlungsfähig zu bleiben.

Zugang zur Selbstachtung und Selbstsicherheit

Ebenso wichtig wie der Zugang zu Ihren Gefühlen und Bedürfnissen ist der zu Ihrer Selbstachtung und Selbstsicherheit, die in der Kränkung zeitweise verloren geht.

Bitte nehmen Sie nun das Bild für Ihre Selbstachtung zur Hand, das Sie im Kapitel »Erleben von Alltagskränkungen« angefertigt haben. Erinnern Sie sich an Ihre Stärken, an Ihre Gefühle und Bedürfnisse und daran, dass es Situationen gibt, in denen Sie sich selbstsicher fühlen und sich achten. Wenn Sie in der Kränkungssituation daran denken, das spüren können und sich demgemäß verhalten, werden Sie sich stärker, klarer, eindeutiger und handlungsfähiger erleben.

Nicht in die Kränkung einsteigen

Gehen wir noch einen Schritt weiter, dann stellt sich die Frage, ob und warum Sie überhaupt in die Rolle des Gekränkten hineingehen. Wäre es vielleicht in vielen Situationen möglich, das Erleben von Kränkung gar nicht erst in sich entstehen zu lassen und stattdessen das Geschehen aus einer inneren Distanz heraus zu betrachten, um nicht emotional verstrickt, sondern klar und problemlösend zu handeln? Das wäre wohl die »hohe Schule« der Kränkungsüberwindung, die jedoch nicht in jedem Fall umsetzbar, als Ziel aber sicherlich erstrebenswert ist.

Um eine Situation gar nicht erst als Kränkung zu erleben ist es notwendig, die vermeintlichen Angriffe der anderen Person abzuwehren und nicht persönlich auf sich zu beziehen. Sehen Sie sie als Problem des anderen, dann können Sie sachlicher und gelassener auf sie reagieren. Das gelingt Ihnen umso besser, je weniger verletzlich Sie an Ihren »wunden Punkten« geworden sind und je selbstverständlicher Sie zu sich stehen können.

Ein Auszug aus einem Interview mit dem schwarzen Schauspieler Morgan Freeman[1] verdeutlicht, was ich meine:

»*Interviewerin (I):* Was passiert, wenn ich ›Nigger‹ zu Ihnen sage?
Freeman (F): Nichts.
I: Warum nicht?
F: Was passiert, wenn ich ›deutsche Dummkuh‹ zu Ihnen sage?
I: Nichts.
F: Warum nicht?
I: Ich fühle mich nicht angesprochen.

F: Sehen Sie, ich auch nicht.
I: Ist das der Trick, sich nicht angesprochen zu fühlen?
F: Wenn Sie mich ›Nigger‹ nennen, haben Sie ein Problem, nicht ich, weil Sie das falsche Wort benutzen. Indem ich mich nicht angesprochen fühle, lasse ich Sie mit Ihrem Problem allein. Selbstverständlich gilt diese Taktik nicht, wenn Sie mich tätlich angreifen. Dann wehre ich mich, das verspreche ich Ihnen.«

Bei diesem Beispiel geht es nicht um den politischen Inhalt, auch nicht um die Problematik von Schwarzen oder von Ausländern generell, geschweige denn um Ausländerfeindlichkeit. All diese Themen interessieren im Moment nicht. Es geht im Augenblick nur um die Tatsache, dass wir Menschen selbst entscheiden, was für uns zu einer Kränkung wird. Wir können eine Kränkungsreaktion verhindern, wenn wir den Kommentar eines anderen nicht auf uns beziehen, sondern ihn demjenigen zuschreiben, der ihn macht. Ich könnte mir vorstellen, dass die Reaktion von Herrn Freeman nicht immer so ausgefallen ist, sondern dass er sie im Laufe seines Lebens gelernt hat. Wie auch immer, sie zeigt jedenfalls, wie selbstverständlich er heute als Farbiger lebt und sich seines Wertes als Mensch bewusst ist. Wäre das nicht so, würde seine Reaktion mit ziemlicher Sicherheit anders ausfallen.

Eine Therapiesitzung

Frau Huth kam in die Therapiesitzung und erzählte sehr bewegt von einem Streit mit ihrem Partner. Ihr Wunsch war, dieses Muster zu verändern, weil sie so sehr darunter leide.

Es laufe fast immer nach demselben Prinzip ab: Ihr Partner trifft eine Entscheidung, ohne sie vorher zu informieren oder sie mit ihr zu besprechen. Daraufhin wird sie sehr böse, fühlt sich übergangen und beschimpft ihn gehörig. Sie entscheidet sich dann, einige Tage nichts mehr mit ihm zu tun haben zu wollen und spricht auch nicht mehr mit ihm. Dieses Verhalten erlebt sie wie eine Art Bestrafung für sein Vergehen. Zugleich ist dieser Beziehungsabbruch ein Ausdruck ihres Trotzes und ihrer hilflosen Wut. Wenn er anruft, und das tut er mehrmals täglich, geht sie nicht ans Telefon und lässt ihn auflaufen. Im Grunde denkt sie in diesen Zeiten fast mehr an ihn als sonst, ist aber hauptsächlich durch unangenehme Gefühlszustände an ihn gebunden.

Bei diesen Streits leidet sie sehr, da sie sich einerseits verlassen und elend fühlt, auf der anderen Seite aber so verletzt ist, dass sie sein Verhalten nicht entschuldigen will. Dann wieder hat sie große Schuldgefühle, dass sie ihn so behandelt, denn das könne sie doch nicht tun. Auch deshalb, weil das Problem ja im Grunde nicht so gravierend sei. Dieses Abwiegeln beruhigt sie jedoch nicht, und am liebsten würde sie sich trennen und alleine leben. Dann hätte sie all diese Probleme nicht und wäre nur auf sich selbst gestellt. Diese Trennungsgedanken setzt sie aber nie in die Tat um.

Die Beschreibung des Problems ließ erkennen, dass bei diesem Kränkungskonflikt mehrere psychische Anteile von Frau Huth zum Tragen kommen, die sich in einem inneren Dialog niederschlagen. Um herauszufinden, was tatsächlich in ihr passiert, bat ich sie, sowohl für ihren Freund als auch für jede ihrer inneren Stimmen ein Kissen auszuwählen und auf den Teppich zu legen. Dadurch wurde es möglich, alle psychischen Anteile deutlich zu machen, die an dem Kränkungskonflikt beteiligt waren.

Es entstand folgendes Szenario:

                  Ihre destruktive Kränkungswut (zerstörerisch)

                  ☐   ☐   Ihre Schuldgefühle

Der Freund

☐   ☐

         Beschwichtigung   Die »souveräne« Frau,
                                      überheblich, abwertend –
                                      Trennungsgedanken

Da sie durch den Konflikt auf ihren Freund sehr wütend war, bat ich sie, sich auf das Kissen für die Wut zu stellen und aus dieser Position heraus zu ihm zu reden. Sie sollte ihm ihre Wut direkt sagen. Obwohl sie vorher mir gegenüber sehr über ihn schimpfte, konnte sie es nicht direkt tun. Sobald sie es versuchte, schaltete sich sofort die Beschwichtigung ein: »Das ist doch alles nicht so schlimm, was regst du dich denn auf.« Ebenso wie die Wut konnte sie die Beschwichtigung nicht an den Freund direkt richten. Sie hatte also innerlich den Kontakt zu ihm schon völlig abgebrochen. Die am Kränkungskonflikt beteiligten Anteile bildeten daher einen inneren Dialog, den wir nun versuchten, deutlich zu machen.

    Nacheinander stellte sie sich auf jedes Kissen und spürte den entsprechenden Teil in sich. Auf dem Kissen für die Wut erlebte sie sich wie ihr Vater, der immer sehr autoritär und aggressiv war und herumschrie. Diese Wut richtete sich destruktiv und zerstörerisch gegen den Freund in Form von Rachegedanken und dem Wunsch, ihn zu bestrafen. In der Position der Beschwichtigung erkannte sie ihre Mutter und ihre Schwester, die daheim immer versuchten, die

Konflikte klein zu halten und Frieden zu stiften. »Mach kein solches Theater, du bist ja hysterisch«, hörte sie sich zu sich sagen. Darin drückte sich weniger eine vernünftige Überlegung aus, die sie hätte beruhigen können, sondern mehr eine Entwertung ihrer Person, die ihr den konstruktiven Umgang mit dem Konflikt erschwerte.

Die erwachsene Frau, von der sich Frau Huth die Lösung erhoffte, war viel überheblicher und arroganter als sie dachte, gar nicht so souverän, wie sie erwartete. Die wollte nur ihre Freiheit und wertete alle ab. Aus Angst, sich zu verlieren, stellte sie sich über die anderen und machte sich einsam. Das war Frau Huths Position in ihrer Familie: sie rebellierte laut, war die einzige, die sich mit dem Vater offen stritt und sich gegen seine Unterdrückung auflehnte. Die Rebellion und der Kampf verliehen ihr die Stärke, sich nicht unterordnen und aufgeben zu müssen. Die Schwester wurde von der Mutter »geschluckt« und beide vom Vater, sie jedoch konnte dank ihres Widerstands und ihrer Überheblichkeit ihre Eigenständigkeit bewahren. Der Preis war und ist jedoch das Alleinsein und die Entscheidung, sich auf keine Beziehung wirklich einzulassen.

»Wo würden Sie stehen, wenn Sie sich trauten, eine Beziehung einzugehen?«

»Weit weg und so, dass ich das System der Familie im Auge habe und es mich nicht von hinten anfällt«, sagte sie spontan. Denn sie erlebt ihre Familie so, als würde sie ständig aus dem Hinterhalt nach ihr greifen.

Sie nimmt das Kissen der »souveränen Frau« und legt es genau gegenüber auf die Seite des Freundes. Folgendes Szenario ergab sich:

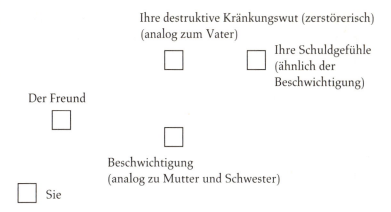

Durch die neue Position rückt sie von der Familie weg und näher an ihren Partner heran. An diesem Platz spürt sie eine große Erleichterung, aber auch Traurigkeit und eine tiefe Berührtheit. Die Wut auf ihren Freund ist völlig weg, ebenso die Überheblichkeit und der Impuls, den Kontakt zu ihm abzubrechen. Er kommt ihr jetzt eher kindisch und unsinnig vor. Sie kann diese Wende gar nicht begreifen, aber genießt die neue Position. Denn nun ist sie bei sich angekommen, aber diesmal ohne zu kämpfen und sich über die anderen erheben zu müssen. Sie kann die Beziehung zu ihrem Freund spüren und zugleich bei sich bleiben. Indem sie ihre bisherige Position im familiären System verließ, kann sie ihren eigenen Platz finden und den Kampf und die Einsamkeit aufgeben. Die Traurigkeit bezog sich auf das Bewusstsein, wie viel sie sich in ihrem Leben durch ihren Widerstand kaputt gemacht hat, sei es beruflich oder auch in Beziehungen.

An dieser therapeutischen Arbeit sehen wir, dass alle Impulse und Teile in uns, auch die, die zerstören oder uns quälen, einen Sinn haben, den wir verstehen können, wenn wir uns ihnen zuwenden. Sie zu unterdrücken oder sie abzuwiegeln bringt gar nichts, denn sie haben eine Bedeutung, auch wenn diese im Erwachsenenalter nicht mehr sinnvoll ist. Sich einsam zu machen und die Beziehung durch Abwertung und Kampf abbrechen zu müssen, war beispielsweise bei Frau Huth in der Kindheit sehr wichtig, um sich abzugrenzen und als Person nicht unterzugehen. Heute jedoch steht dieses Verhalten ihrer Weiterentwicklung im Wege und verhindert eine erfüllende Beziehung. Die Kränkung, die sie durch das in ihren Augen unachtsame Verhalten ihres Partners erlebte, ist gleichsam eine Wiederholung des familiären Musters und löst daher auch Verhaltensweisen und Gefühle aus, die zu diesem System, aber nicht mehr zu dieser Person passen. Indem sich Frau Huth befreit, kann sie wirklich souverän und authentisch werden und möglicherweise in Zukunft mit solcherlei Kränkungssituationen konstruktiver umgehen oder sie gar nicht mehr als solche erleben.

Übungen zur Stärkung der Selbstachtung

Zwischen Kränkendem und Gekränktem finden wir ein »Opfer-Täter-Spiel«. Hierbei handelt es sich um psychologische Beschreibungen von Einstellungen und Verhaltensweisen, die nicht mit realen Opfern und Tätern aus Gewalthandlungen verwechselt werden dürfen. Ein so genanntes psychologisches Opfer definiert sich als machtlos und dem psychologischen Täter unterlegen, auch wenn es eigentlich gar nicht so schwach und hilflos ist, wie es sich gibt. Es ist mehr eine Zuschreibung, die es sich innerhalb des »Spiels« gibt. Psychologisches Spiel bedeutet, dass die Partner nicht direkt und offen ansprechen, was sie bewegt, was sie brauchen und von dem anderen wollen, sondern dass sie sich hinter bestimmten Rollen verstecken und gerade nicht das zeigen, was ihrem Innersten entspricht[2]. Dieses Spiel ist den Handelnden nicht bewusst.

Opfer stellen sich immer als diejenigen dar, die man vor dem Täter schützen muss und die meist einen Helfer finden, der ihnen beispringt und mit dem sie sich gegen den Täter verbünden. Psychologisch sind Opfer scheinbar im Recht, wogegen der Täter der Böse und im Unrecht ist. Die Opferposition ist verbunden mit Minderwertigkeitsgefühlen, Ohnmacht und Leiden. Die Täter geben sich vorwurfsvoll, abwertend, besserwisserisch, ignorierend, rächend, bevormundend und dergleichen mehr. Die Rollen in psychologischen Spielen können schnell zwischen den Personen oder innerhalb einer Person wechseln. Das heißt, das Opfer kann zum Täter werden und der Täter zum Opfer.

Der Begriff des psychologischen Spiels stammt ursprünglich von Eric Berne, und er nannte die Täter Verfolger. Ich habe mich jedoch für das Wort Täter entschlossen, weil sich Menschen, die zu Kränkenden geworden sind, subjektiv so erleben und auch so bezeichnen.

Opferspiele verändern

Bitte überlegen Sie sich, welche Opfer-Themen bei Ihnen in Kränkungssituationen vorwiegend auftreten. Um Ihnen Anregungen zu geben, liste ich einige Themenbereiche auf, die im Zusammenhang mit Kränkungen häufig vorkommen:
- Ich bin an allem schuld.
- Ich kann's nie recht machen.
- Immer bin ich die Verliererin.

- Immer kriege ich eine über »die Rübe«.
- Was bin ich für ein schlechter Mensch.
- Ich muss mich bestrafen.
-
-
-
-
-
-
-
-
-
-
-
-
-
-

Für die Themen, die Sie für sich gefunden haben, formulieren Sie jetzt jeweils einen »Gegen-Satz«, der Sie stärkt und Ihr Selbstwertgefühl unterstützt. Gemäß den obigen Beispielen könnten diese lauten:
- Ich allein trage nicht die Schuld. Was ist der Anteil meines Gegenübers an dem Konflikt?
- Es ist nicht meine Aufgabe, es anderen recht zu machen, sondern wir müssen unsere Erwartungen und Wünsche gegenseitig und miteinander klären.
- Ich mache mich nicht zur Verliererin, sondern sehe, was ich schon in meinem Leben geschafft habe und wie oft ich schon auf der »Siegerseite« war.
- Ich registriere, dass ich schon oft gut und fair behandelt wurde.

- Ich bin kein schlechter Mensch, sondern habe angenehme und unangenehme Seiten. Auch trotz und mit meinen Schwächen bin ich grundsätzlich in Ordnung.
- Es gibt keinen Grund, mich zu bestrafen. Fehler kann ich eingestehen und mich entschuldigen.

Täterspiele verändern

Handeln Sie im Zustand der Kränkung aus Ihrer Aggression heraus, dann fühlen Sie sich zwar stärker als in der Depression und glauben, die Situation unter Kontrolle zu haben. Dennoch fühlen Sie sich als »Racheengel« in der Regel auch nicht wohl. Sie sind erfüllt von Zorn, Hass, Eifersucht, Überheblichkeit, Rachegelüsten und Verletzungsimpulsen. All diese Emotionen stärken möglicherweise vordergründig Ihre Selbstsicherheit, aber sicherlich nicht nachhaltig. Häufig sind auch Schuldgefühle, Selbstvorwürfe und Scham die Folge von überstarker Aggression, weil Sie es beispielsweise wieder nicht geschafft haben, ruhig und besonnen zu reagieren und sich stattdessen auf einen unergiebigen Disput eingelassen haben. Wie viel souveräner hätten Sie doch sein können!

Um Ihr Selbstwertgefühl zu stärken, sollten Sie daher so schnell wie möglich dieses destruktiv-aggressive Verhalten aufgeben und konstruktiv reagieren. Überlegen Sie bitte zu diesem Zweck – wie eben bei der Depression – die Themen, die in Ihrer destruktiven Kränkungs-Aggression mitschwingen:
- Ich muss es dem anderen zeigen.
- Ich darf mir ja nichts gefallen lassen, sonst werde ich »untergebuttert«.
- Ich will die andere so verletzen, wie ich verletzt wurde.
- Ich muss meine Empörung deutlich zeigen, sonst nimmt sie keiner ernst.
- Ich will die anderen für Ihre Dummheit bestrafen.
-
-

Nun suchen Sie bitte zu jeder gefundenen Aussage wieder einen »Gegen-Satz«, der Ihre Selbstachtung und Selbstsicherheit stärkt:
- Es ist gut, dem anderen mitzuteilen, wo meine Grenzen liegen, aber das muss ich nicht mit einer destruktiven Aggression tun.
- Ich brauche keine Angst zu haben, denn es gibt viele Möglichkeiten, meine Ansprüche und Wünsche mitzuteilen.
- Meine Verletzung wird nicht geringer, wenn der andere auch leidet.
- Ich werde besonders dann ernst genommen, wenn ich mich klar, ruhig und eindeutig abgrenze.
- Bestrafung ist der falsche Weg, um einen Konflikt zu lösen, sofern es mir überhaupt zusteht, jemanden zu bestrafen.

Grenzen ziehen

Grenzen ziehen stärkt Ihre Selbstachtung und Selbstsicherheit dahingehend, dass Sie Ihre Selbstverantwortung zurückgewinnen und sich eigenständig verhalten können. Ebenso sind Grenzen für Ihr inneres Gleichgewicht und die Auflösung von Kränkungsreaktionen nötig. In der Regel wird in dem Kränkungserleben das Gefühl der Einheit mit dem anderen unterbrochen, was Angst und Anklammerungstendenzen zur Folge haben kann. Als mögliche Reaktion auf Kränkungen neigen Menschen dazu, wie schon zuvor ausgeführt wurde, mit dem Kränkenden konfluent werden zu wollen, das heißt wie Milch mit Kaffee zusammenzufließen. Um die Harmonie wiederherzustellen, überlegen Sie, was die oder der andere brauchen könnte und was ihr oder ihm gut täte. Sie fangen an, für den anderen zu fühlen, zu denken oder auch Entscheidungen zu fällen. Grenzen ziehen bedeutet dagegen zweierlei:

1. Nicht für die anderen zu denken und herauszufinden, was für sie gut wäre, sondern zu fragen, was und wie Sie sie unterstützen können.

2. Sie finden heraus, was Ihnen selbst gut tut, was Sie brauchen, was Sie fühlen, was Sie denken und was Sie tun wollen.

Wenn Sie für sich sorgen, dann kann es auch Ihr Gegenüber viel eher für sich tun. Denn Ihr Gegenüber weiß im Grunde viel besser, was ihm gut tut als Sie. Ebenso können auch Sie am besten für sich selbst entscheiden.

Grenzen ziehen bedeutet auch, Ihren Raum zu schützen und zu zeigen, wie nah Sie jemanden an sich heranlassen wollen. »Nein« ist in diesem Fall das Abgrenzungswort.

Abgrenzung bedeutet, dass Sie eine eigenständige Person sind, die entscheidet, »Ja« oder »Nein« zu sagen und dass Sie Ihre Selbstachtung wahren. Ihre Grenzen anderen gegenüber sind einmal weiter, einmal enger, manche lassen Sie nah an sich heran, andere halten Sie lieber auf Abstand, an manchen Tagen wollen Sie mehr Distanz, an anderen suchen Sie mehr die Nähe. Abgrenzen heißt, Sie kehren so schnell wie möglich zu Ihrem positiven Selbstwertgefühl zurück, wenn Sie es in der Kränkungsreaktion vorübergehend verloren haben, und bleiben nicht zu lange emotional an der kränkenden Situation und dem Kränkenden haften. Sie lösen sich von dem, was nicht Ihr Eigenes ist.

Bitte überlegen Sie sich: Wem sind Sie momentan zu nah? Wem gegenüber sind Sie zu wenig abgegrenzt? Über wen denken Sie mehr nach als über sich? Bei wem trauen Sie sich nicht, eine andere Meinung zu vertreten? Wem müssen Sie Ihrer Meinung nach ihre/seine Sorgen abnehmen?

Ein kleines Experiment kann Sie bei dieser Aufgabe unterstützen:
Setzen Sie sich auf einen Stuhl und stellen Sie einen zweiten gegenüber auf. Auf diesen setzen Sie in der Vorstellung nacheinander die anderen Personen, um die es geht. Stellen Sie sich nun die erste Person so realistisch wie möglich vor. Tun Sie so, als säße sie vor Ihnen. Dann nehmen Sie wahr, ob der Abstand zwischen den Stühlen stimmt oder ob Sie die andere Person näher oder weiter weg haben wollen. Schieben Sie den Stuhl der anderen Person so lange hin und her, bis Sie den richtigen Abstand zwischen sich und der anderen Person gefunden haben. Den merken Sie daran, dass Sie spüren: Jetzt stimmt's.

Dasselbe tun Sie mit den anderen Personen. Sie werden bemerken, dass der Abstand bei unterschiedlichen Menschen unterschiedlich groß sein muss. Im richtigen Abstand liegt die Grenze.

Der zweite Teil dieses Experiments lautet:
Sagen Sie diesen Personen nacheinander das, was Sie bisher versäumten oder sich nicht trauten auszusprechen. Grenzen Sie sich klar ab, sagen Sie, was Sie wollen und was nicht, was Ihnen zu viel wird und was Sie am liebsten in Zukunft nicht mehr tun wollen.

Wenn Sie wollen, können Sie das hier notieren.

Sie spüren, wie schwer es Ihnen fällt? Oder wie erleichternd es ist und wie gut es Ihnen tut?

Sollten Sie in dieser Übung unüberwindliche Probleme spüren, sich abzugrenzen, könnte das auf ein tiefer liegendes Problem hindeuten, das möglicherweise einer therapeutischen Unterstützung bedarf. Gerade im Zusammenhang mit Abgrenzung können starke Ängste auftreten, die oft mit früheren Beziehungserfahrungen verknüpft sind. Eine Therapie kann Ihnen helfen, diese Ängste zu überwinden und in einem geschützten Rahmen den Schritt in die Eigenständigkeit zu machen.

Stärken in den Schwächen finden

In dem Kränkungsmodell[3] wurde deutlich, dass bei Kränkungen Ihr Selbstwertgefühl vorübergehend beschädigt wird und Sie sich entweder in der Depression abwerten oder in der Aggression über den anderen erheben. In beiden Fällen sind Sie nicht mit Ihren Stärken verbunden, sondern mit Ihren Schwächen oder den Schwächen der anderen. Der Weg zum inneren Gleichgewicht führt über Ihre Stärken.

Stärken und Schwächen sind keine festen Größen, sondern sie sind sehr relativ und hängen von Ihrer momentanen Bewertung ab. So kann eine Schwäche zugleich eine Stärke beinhalten oder eine Stärke eine Schwäche, je nachdem, aus welcher Perspektive heraus Sie sie betrachten. Eine Seminarteilnehmerin erzählte von ihrer großen Hilfsbereitschaft, die sie immer für eine Stärke hielt, bis sie spürte, dass darin auch eine Schwäche liegt: Sie überfordert sich, da sie nie Nein sagt.

Zur Selbstwertstärkung können Sie daher Ihre so genannten Schwächen unter einem neuen Blickwinkel betrachten und herausfinden, welche Stärken in Ihnen verborgen sind.

SCHWÄCHEN	STÄRKEN
Ich reagiere immer so stark gefühlsmäßig und muss gleich weinen.	Es ist eine Stärke, gefühlsmäßig empfindsam zu sein, zugleich kann ich mich daher auch gut in andere einfühlen.
Ich bleibe meist cool und unberührt.	Ich verliere auch in kritischen Situationen nicht den Überblick und kann klar denken.

Bitte suchen Sie nun Stärken in Ihren Schwächen:

SCHWÄCHEN	STÄRKEN

Diese Übung hat nicht eine platte Beschönigung zum Ziel, im Sinne von: »Wir sind alle wunderbar und brauchen uns nicht zu verändern.« Nein, sie soll Ihnen lediglich zeigen, wie unangemessen es ist, wenn Sie sich mit negativen Zuschreibungen auf das Urteil »schlecht« oder »minderwertig« festlegen. Denn Sie erleben, wie relativ die Wertungen »gut« und »schlecht« sind. Zugleich kann Ihnen diese Übung helfen, in Situationen, in denen Sie sich stark abwerten, einen Strohhalm zur Hand zu haben, an dem Sie sich aus dem »Minderwertigkeitssumpf« herausziehen können. Und zwar, indem Sie sich dadurch beruhigen, dass diese Schwäche, die Ihnen gerade so arg zu schaffen macht, auch ihre guten Seiten hat. Anders ausgedrückt heißt das: Sie sind in Ordnung, auch wenn Sie diese Schwäche haben.

> Die Wahrnehmung unserer Erfolge und Stärken ist das Fundament für unser Selbstvertrauen.[4]

Positive Einstellungssätze

Kränkbarkeit und Selbstwertgefühl gehören eng zusammen. Unser Selbstwertgefühl wiederum basiert auf unserem Selbstbild, das mit bestimmten Einstellungen zu uns verbunden ist. Diese Einstellungen äußern sich gewöhnlich in bestimmten inneren Sätzen, auf die wir mehr oder weniger unbewusst reagieren. Im Zusammenhang mit den Selbstabwertungen haben Sie schon eine Reihe von negativen Botschaften gefunden.

In diesem Kapitel möchte ich Ihnen Gelegenheit geben, positive Einstellungssätze zu formulieren, die Sie unterstützen und Ihr Selbstwertgefühl stärken.

Im Zusammenhang mit Kränkungen spielen vor allem jene Einstellungen eine Rolle, die sich auf unsere Leistungen, unseren Wert und unsere Bedeutung beziehungsweise Wichtigkeit beziehen. Wenn wir diese Themen in uns auf eine positive Weise festigen, werden wir wahrscheinlich nicht so empfindlich reagieren, falls wir kritisiert oder zurückgewiesen werden. Denn je mehr wir um unseren Wert wissen, umso weniger kann ihn ein anderer zunichte machen.

Positive Einstellungssätze sind sicherlich kein Allheilmittel, aber sie können Ihnen neue und wertvolle Anregungen geben, um Ihre abwertenden Gedanken durch unterstützende zu ersetzen und auf diese Weise zu lernen, achtsamer mit sich umzugehen. Das stärkt auf Dauer Ihr Selbstwertgefühl.

Hier einige positive Einstellungssätze, die Ihnen den Weg aus Kränkungsreaktionen erleichtern können, wenn Sie gerade dabei sind, sich und andere abzuwerten:

- Ich bin gut, so wie ich bin.
- In meiner Ruhe und Zentrierung liegt Kraft.
- Ich darf auch Fehler machen.
- Ich habe ein Recht auf meine Bedürfnisse.
- Ich habe ein Recht darauf, gut behandelt zu werden.
- Ich sage Nein, wenn ich etwas nicht will.
- Ich gehe gut und achtsam mit mir und anderen um.
- Bevor ich mich aufrege, atme ich erstmal bewusst und besinne mich auf mich.
- Ich gehe so gut mit mir um, als wäre ich meine eigene Geliebte/mein eigener Geliebter.

Finden Sie weitere positive Einstellungssätze, die für Sie zutreffen:

Es könnte sein, dass diese Sätze in Ihnen nicht nur Erleichterung und Freude auslösen, sondern auch Gegenargumente. Bitte schreiben Sie diese auch auf, am besten rechts daneben. Zu Beginn notieren Sie täglich Ihre positiven Einstellungssätze und die dazugehörigen Gegenargumente. Sie werden im Laufe der Zeit spüren, wie die Einwände immer weniger werden und an Heftigkeit verlieren. Sollte es Ihnen unmöglich sein, mit dieser Übung voranzukommen, könnte es sein, dass zu starke, unbewusste, innere Verbote Sie daran hindern, sich gut zu fühlen und achtsam mit sich umzugehen. Sollten Sie sie nicht allein überwinden können, werten Sie sich nicht dafür ab, sondern suchen Sie Rat und Hilfe bei einer Therapeutin oder einem Therapeuten.

Pluspunkte sammeln

Diese Übung ist sowohl einfach durchzuführen als auch wirksam, sofern Sie sie regelmäßig machen. Nehmen Sie sich am Ende eines jeden Tages einige Minuten Zeit und gehen Sie den Tag noch einmal in Gedanken durch. Achten Sie dabei auf die positiven Ereignisse, die Sie erlebt haben. Was hat Ihnen an sich selbst gefallen, was haben Sie gut gemacht, was gelang Ihnen, und was haben Sie von anderen Menschen Positives bekommen? Die Ereignisse müssen nicht »weltbewegend« sein, denn auch so genannte Kleinigkeiten können unseren Tag und unsere Gefühle nachhaltig beeinflussen. Ein unerwartetes Lächeln eines Fremden kann uns ebenso erfreuen wie eine bestandene Prüfung oder der Sonnenschein. Sammeln Sie bitte all die positiven Erfahrungen als Pluspunkte für sich.

Zu den Pluspunkten zählen auch die kleinen Erfolge: »Heute habe ich gesagt, was ich brauche und mich nicht in meine Opferhaltung zurückgezogen.« »Heute bin ich nicht aus der Haut gefahren, sondern habe ruhig reagiert.«

Auch ein Lob, das Sie von anderen bekommen, ist natürlich ein Pluspunkt für Sie. Es kann Ihnen jedoch ebenso wie die positiven Einstellungssätze Probleme bereiten, denn Lob annehmen wollen viele Menschen nicht, da sie Angst haben, dann als überheblich und egoistisch zu gelten.

Ein Seminarteilnehmer formulierte es folgendermaßen: »Lob als Benennung meiner Stärken, kann ebenso brisant sein wie Kritik und setzt mich derart unter Druck, dass ich gleich nasse Hände bekomme. Ich werde dann total beschämt und stehe ohne Handwerkszeug da, wie amputiert. Und es setzt mich unter Druck, dass ich es das nächste Mal genauso gut machen muss.«

Wie gehen Sie mit Lob um? Welche Erfahrungen haben Sie damit gemacht?

Wie können Sie es erreichen, Lob besser anzunehmen? Hier einige Anregungen:
- Wenn Sie gelobt werden, sagen Sie erst einmal nichts, sondern atmen Sie tief ein und aus.
- Vermeiden Sie negative Einwände gegen das Lob im Sinne von: »Da hatte ich doch nur Glück« oder »Eigentlich war es nur Zufall« oder dergleichen.
- Bedanken Sie sich und behalten Sie das Lob bei sich, indem Sie Ihre Freude darüber wahrnehmen und sich die lobenden Worte merken.

Zurück zur Übung Pluspunkte: Auch wenn Sie glauben, es falle Ihnen nichts ein, was Sie abends an Pluspunkten aufschreiben können, suchen Sie trotzdem wenigstens ein positives Ereignis und steigern Sie sich im Laufe der Zeit. Sie werden sehen, dass Ihnen immer mehr einfallen werden und dass diese Übung Ihnen letzten Endes doch Spaß machen wird.

Lösungsorientiert denken

Die Perspektive wechseln

Im vorhergehenden Kapitel haben Sie gelernt, Ihre Schwächen aus einer anderen Sicht zu betrachten und die darin befindlichen Stärken zu finden. Genauso können Sie mithilfe eines Perspektivenwechsels auch eine neue Sicht auf Ihre Kränkungsreaktion und den Kränkenden erhalten und damit ungeahnte Möglichkeiten für Lösungen finden. Perspektivenwechsel bedeutet, die Kränkungssituation aus einem veränderten Blickwinkel zu betrachten. Bewegen Sie sich zu diesem Zweck körperlich auf einen anderen Platz und schauen Sie erneut auf das Ereignis, das Sie so gekränkt hat.

Wie wirkt die gesamte Situation auf Sie, wie erleben Sie sich und Ihr Gegenüber? Vielleicht kommt Ihnen der Konflikt aus der neuen Perspektive etwas lächerlich vor oder noch dramatischer als bisher. Der letzte Fall kann eintreten, wenn Sie dazu neigen, Konflikte zu beschönigen und herunterzuspielen. Dann ist es gut, wenn Sie die Schwere der Verletzung, die Sie erlebt haben, jetzt wahrnehmen können. Damit aktivieren Sie möglicherweise auch Ihre konstruktive Wut und können eindeutiger handeln, indem Sie entweder eine Wiedergutmachung oder Entschuldigung einfordern oder sich trennen.

Kommt Ihnen dagegen der Konflikt eher unbedeutend vor, kann diese Erkenntnis den Weg in die Versöhnung ebnen, indem Ihr Ärger dem positiven Gefühl zu dem anderen Menschen Platz macht, das Sie schon vor der Kränkung spürten. Und dann ist der Schritt, sich die Hand zu reichen, leichter.

Nachfragen statt Unterstellungen zu machen

Das Kränkende an einer Situation ist oft die negative Bedeutung, die Sie den Begebenheiten und den Menschen zuschreiben. Im Kapitel über das Denken in der Kränkung ist dieser Zusammenhang schon beschrieben worden.

Zu einer positiven Lösung kommt es in der Regel dann, wenn Sie Ihre Unterstellungen hinterfragen und die Möglichkeit einer anderen Realität zulassen. Dann können Sie mit der Person, von der Sie sich gekränkt fühlten und der Sie bestimmte Absichten unterstellt haben, reden und Ihre Vermutungen ansprechen. Sie erfahren dann die Sicht Ihres Gegenübers, und nicht selten können Sie zusammen Wege finden, das Problem zu lösen.

In dem Moment jedoch, in dem Sie nicht bereit sind, die andere Seite anzuhören, können Unterstellungen und Vorwürfe im Streit oder sogar in Trennung enden. In Ihrer tiefen Verletzung entscheiden Sie sich dafür, unversöhnlich zu sein und riskieren lieber den Abbruch der Beziehung als sich zu öffnen. Mit den Folgen müssen Sie leben, nämlich mit den »Kränkungsleichen« im Keller, die Ihnen das Leben schwer machen.

Abwehr vorsätzlicher Kränkungen

Es kann jedoch auch vorkommen, dass Menschen Sie vorsätzlich verletzen wollen. Entweder, indem sie Sie gezielt angreifen oder Sie unterschwellig in Form von Ironie oder Nebenbemerkungen spüren lassen, dass sie von Ihnen oder von dem, was Sie tun, nichts halten. Nicht selten stehen dahinter Gefühle von Neid und Eifersucht: Die anderen »müssen« Sie abwerten, weil sie sich sonst Ihnen gegenüber unterlegen oder minderwertig fühlen.

Auch in diesen Situationen haben Sie die Wahl, die Abwertung anzunehmen oder als das Problem Ihres Gegenübers anzusehen. Ihre Verletzung können Sie dann entweder direkt aussprechen oder bei sich behalten und mit einem Dritten besprechen, bei dem Sie sich entlasten.

Verhaltensalternativen

Der Kontakt zu Ihren »echten« Gefühlen und Bedürfnissen beeinflusst Ihr Verhalten ebenso wie die Veränderung Ihres »Kränkungsdenkens«. Je klarer Sie spüren, was Sie brauchen und welche Gefühle Sie leiten, umso problemlösender können Sie denken und Ihr Verhalten steuern. Statt in Ihrer Depression und Aggression Ihnen selbst und den anderen zu schaden, haben Sie die Möglichkeit, sich konstruktiv zu verhalten, sodass Sie die Kränkungssituation bestmöglich meistern.

Verhaltensänderungen können Sie jedoch auch erwerben, indem Sie neue Verhaltensweisen lernen. Das erste Kapitel dieses Buches enthielt Beispiele für die unterschiedlichen Arten von Lernen, die auch für die Überwindung von Kränkungssituationen eine bedeutende Rolle spielen.

Modell-Lernen

Durch Lernen am Modell können Sie erfahren, wie andere Menschen mit Kränkungen umgehen. Dazu können Sie sie beispielsweise in Kränkungssituationen beobachten und erleben, welche Strategien diese anwenden, um mit Kränkungen fertig zu werden. Diese Art des Lernens ist jedoch wenig gezielt, da Sie zum einen nie genau wissen können, ob jemand sich gekränkt fühlt oder nicht, zum anderen sind Sie vom Zufall abhängig, weil Sie nicht vorhersagen können, wann jemand in eine Kränkungssituation gerät. Effektiver ist es, sich mit anderen auszutauschen, welche Erfahrungen sie mit Kränkungen gemacht haben und wie sie reagieren. Das können Sie mit Freunden ebenso tun wie in Selbsterfahrungs- und Therapiegruppen. Der Vorteil von Gruppen ist der, dass Sie sich dem Thema systematisch nähern können und zusammen konstruktive Wege der Kränkungsverarbeitung entwickeln.

Unterscheiden zwischen ehemaligen und aktuellen Ereignissen

Eine Seminarteilnehmerin litt sehr unter den entwertenden Bemerkungen ihres Partners, denen gegenüber sie sich nicht zur Wehr setzen konnte. Ich bat sie daher, sich ihren Partner auf dem Stuhl gegenüber vorzustellen und ihm von ihren Verletzungen und Kränkungen zu berichten. Als sie begann, von sich zu sprechen, nahm sie plötzlich nicht mehr ihren Partner wahr, sondern das Gesicht ihres Vaters, vor dem sie sich früher stark gefürchtet hatte und gegen den sie sich nicht auflehnen konnte. Sie spürte, dass sie ähnliche Gefühle bei ihrem Partner hat, wenn sie sich wehren will. Es ist, als würde sich über das Gesicht des Partners das Gesicht des Vaters schieben.

Eine Möglichkeit damit umzugehen besteht darin, einen zweiten Stuhl daneben zu stellen und in der Vorstellung auf den einen den Vater, auf den anderen den Partner zu setzen. Auf diese Weise können beide getrennt wahrgenommen werden. Sie könnte dann erkennen, worin sich ihr

Vater und ihr Partner gleichen, und worin sie sich unterscheiden. Denn der Partner ist nicht identisch mit dem Vater, auch wenn sie beide in der Kränkungssituation gleichsetzt. Wenn sie erkennen und zulassen kann, dass ihr Partner nicht ihr Vater ist, kann sie ihn deutlicher als den Menschen wahrnehmen, der er ist. Möglicherweise fällt es ihr dann auch leichter, sich ihm gegenüber durchzusetzen, denn sie muss dann keine Angst mehr vor ihm haben, da diese zu ihrer früheren Beziehung zum Vater gehört.

Überlegen Sie einmal, ob Ihnen Ihre Gefühle in Kränkungssituationen aus Beziehungen zu anderen Personen bekannt sind, beispielsweise zu Bezugspersonen aus Ihrer Kindheit oder Jugend. Wenn ja, könnte es sein, dass Sie, wie die Frau aus dem Seminar, weniger auf die aktuelle Person reagieren als mehr auf die frühere Bezugsperson.

Notieren Sie, um welche Personen es sich handelt:

Um flexibler auf Kränkungssituationen reagieren zu können, ist es sinnvoll, eine Unterscheidung herbeizuführen. Stellen Sie die Bezugsperson in der Vorstellung neben die aktuelle Person und sagen Sie sich beispielsweise: Mein Partner/meine Partnerin ist nicht mein Vater (oder wer auch immer). Je bewusster Sie diese Übung machen, umso mehr werden Sie zwischen den Personen unterscheiden können, die aktuelle Person mehr als sie selbst wahrnehmen und sich selbst aus der Kindrolle entlassen können. Dadurch »erwachsen« Ihnen neue »erwachsene« Handlungsmöglichkeiten.

Welche Verhaltensweisen führen Sie aus der Kränkungsreaktion?

Überlegen Sie, wie Sie sich in Kränkungssituationen gerne verhalten möchten und was Sie davon bereits ausprobiert haben. Machen Sie zu diesem Zweck die folgende Vorstellungsübung:

Versetzen Sie sich in Ihrer Fantasie in eine Kränkungssituation und stellen Sie sich diese so realistisch wie möglich vor. Versuchen Sie nun, sich so zu fühlen wie in der realen Kränkungssituation.

Wo fand sie statt? In welcher Umgebung, an welchem Ort, mit welchen Menschen? Stellen Sie sich vor, wer dabei war, und erleben Sie alles noch einmal. Was hat die kränkende Person getan (oder waren es mehrere)? Wie haben Sie reagiert? Was haben Sie gefühlt? Wie ging es Ihnen körperlich? Welche Gedanken haben Sie geleitet und wie haben Sie sich verhalten? Wie ging die Situation aus, für Sie und die Kränkenden? Wie haben Sie sich hinterher gefühlt?

Nehmen Sie nun wahr, wie es Ihnen jetzt geht, da Sie sich erinnern. War Ihr damaliges Verhalten eine für diese Situation angemessene Reaktion, um sich zu verteidigen, zu schützen und Ihre Selbstachtung und Selbstsicherheit wiederherzustellen? Oder hätten Sie vielleicht lieber etwas anderes getan, trauten sich aber nicht? Zum Beispiel hätten Sie den anderen gerne in seine Schranken verwiesen oder sich Unterstützung und Trost bei einem anderen Menschen geholt oder hoch erhobenen Hauptes den Raum verlassen?

Nun spielen Sie dieselbe alte Kränkungssituation noch einmal durch mit dem Unterschied, dass Sie sich jetzt so verhalten, wie Sie es am liebsten getan hätten. Überlegen Sie, welche Möglichkeiten Sie haben, mit der Kränkungssituation so fertig zu werden, dass Sie sich innerlich stark und selbstbewusst fühlen, statt in einer hilflosen Wut zu erstarren oder sich in einer Opferhaltung erniedrigt und beschämt zu fühlen.

Wie würden Sie sich verhalten? Was würden Sie sagen? Wie würde sich Ihr Körper verändern? Welche Gefühle hätten Sie? Was würden Sie denken? Verhält sich Ihr Gegenüber nun auch anders? Wie endet die Szene?

Können Sie sich vorstellen, sich auch in der Realität auf diese Weise zu verhalten? Was hindert Sie daran, das zu tun? Welche Hindernisse müssten Sie überwinden, um das alternative Verhalten in die reale Situation zu übertragen? Was brauchen Sie dazu, welche Unterstützung ist nötig von außen und von sich selbst (Selbstunterstützung)? Was tun Sie, wenn die Unterstützung von außen ausbleibt? Welche Möglichkeiten haben Sie dann, sich Sicherheit zu verschaffen?

Je deutlicher und differenzierter Ihre Vorstellungen werden, umso eher können Sie das neue Verhalten in der nächsten Kränkungssituation tatsächlich anwenden.

Körperliche Unterstützung

Das bewusste Atmen

Um Kränkungen zu überwinden, ist es nötig, sich auch körperlich zu unterstützen. Das tun Sie im Wesentlichen durch Ihren Atem. Indem Sie bewusst tief ein- und ausatmen, geben Sie sich einerseits Kraft, andererseits kommen Sie dadurch in bewussten körperlichen Kontakt mit sich. Thich Nhat Hanh, ein buddhistischer Mönch, lehrt das achtsame Atmen. Er sagt: »Atmen ist das beste Mittel, um Unglücklichsein, Aufregung, Furcht und Ärger Einhalt zu gebieten.«[5]

Zur Einübung des bewussten Atmens schreibt er weiter: »Wenn du dir des Hebens und Senkens der Bauchdecke bewusst bist, kannst du sie beim Einatmen etwas weiter anheben und beim Ausatmen ein wenig mehr senken. Übst du dies einige Minuten, wirst du sehen, dass du stärker bist, als du dachtest.«[6]

Der Atem ist etwas, das Sie immer bei sich haben und sich nur bewusst machen müssen. In der Regel atmen Menschen unbewusst und gerade so viel, wie sie zum Überleben brauchen. Doch in Kränkungssituationen benötigen wir mehr Kraft und Zuversicht, die wir uns über das bewusste und vertiefte Atmen holen können.

Zur praktischen Unterweisung verwendet Thich Nhat Hanh ein Lied, das ich Ihnen hier natürlich nicht vorsingen kann, aber dessen Text ich Ihnen wenigstens mitteilen möchte:

> »Ich atme ein, ich atme aus.
> Ich atme ein, ich atme aus.
> Und ich blühe, wie die Blume,

ich bin frisch, wie der Tau.
Ruhig und stark, wie die Berge,
und die Erde so fest.
Ich bin frei.«

Sprechen Sie diesen Text langsam und bewusst einige Male oder singen Sie ihn, sofern Sie die Melodie kennen[7] und achten Sie auf die beruhigende und wohltuende Wirkung, die immer stärker wird, je öfter Sie es tun.

Durch das bewusste Atmen in Kränkungsreaktionen findet eine Art Pause statt zwischen der Verletzung und Ihrer Reaktion. Sie bekommen dadurch die Möglichkeit, sich auf sich zu konzentrieren und sich zu sammeln. Das bewusste Atmen führt zu bewussten Handlungen und wirkt den ansonsten heftigen, unbewussten, emotionalen Reaktionen entgegen.

Stärkungs- und Ausgleichsübungen

Aus der Lehre des Touch For Health (zu Deutsch: Gesund durch Berühren), die der Kinesiologie zuzuordnen ist, kennen wir einige Übungen, die ausgleichend und stärkend wirken. Vor allem, wenn es um Ungleichgewichtssituationen wie bei Kränkungen geht, in denen wir uns innerlich gespalten und desintegriert fühlen, können solche Übungen den Körper unterstützen. Wirksamer sind sie jedoch, wenn Sie sie nicht nur in schwierigen Situationen anwenden, sondern beispielsweise morgens oder abends regelmäßig durchführen, denn der seelischen Integration liegt eine körperliche zu Grunde.

Wie Sie sicherlich schon an sich selbst gespürt haben, sind die zwei Körperhälften bei jedem Menschen unterschiedlich. Das hat unter anderem damit zu tun, dass sie von unterschiedlichen Hälften des Gehirns versorgt werden. So kontrolliert die linke Gehirnhälfte die meisten motorischen und neuromuskulären Funktionen der rechten Körperhälfte, während die rechte Gehirnhälfte die meisten Funktionen der linken Körperhälfte lenkt. Hirnforschungen haben gezeigt, dass die zwei Gehirnhälften unterschiedliche Eigenschaften besitzen: die linke ist hauptsächlich für logisches Denken verantwortlich, die rechte im Wesentlichen für räumliches Orientierungsvermögen, künstlerische Betätigungen und Körpereindrücke. Bei den meisten Menschen findet sich eine Bevorzugung für eine der beiden Seiten, was zu Überlastung und Ungleichgewicht führen kann. Körperübungen, die ausgleichend wirken, haben daher Einfluss sowohl auf das emotionale Erleben als auch auf die direkte körperliche Ausgewogenheit. Und je integrierter unser Körpererleben ist, umso ausgeglichener ist auch das seelische Erleben.

Einen Ausgleich zwischen der rechten und linken Körperhälfte erlangen Sie durch folgende zwei Übungen:

1. Übung (»Hook Ups«)
Stellen Sie sich hin und überkreuzen Sie Ihre Füße (den rechten Fuß über den linken). Dann tun Sie dasselbe mit Ihren Armen: strecken Sie Ihre Arme aus, die Handflächen zeigen nach außen. Überkreuzen Sie die Arme so, dass die Handfläche Ihrer rechten Hand auf die der linken Hand trifft. Wie Ihre Füße sind nun auch Ihre Arme über Kreuz und zwar jeweils die rechte Seite über der linken. Dann ziehen Sie wie bei dem Kinderspiel des verlorenen Daumens die Hände an Ihre Brust. Bleiben Sie in dieser Haltung eine Weile stehen. Denken Sie dabei an Ihr Kränkungserlebnis, Ihre beängstigenden Gefühle oder Spannungen und den

unaufgelösten Konflikt. In der Regel wirkt diese Haltung beruhigend und mitunter können auch Lösungsideen auftauchen.

Lösen Sie sich dann aus dieser Haltung, stellen Sie die Beine leicht gespreizt nebeneinander und halten Sie Ihre Hände vor dem Brustkorb so, dass die Fingerspitzen beider Hände sich berühren. Bleiben Sie auch in dieser Haltung einige Minuten.

Auf dem Bild sind die Übungen im Sitzen abgebildet. Natürlich können Sie sie auch stehend durchführen. Der Vorteil des Stehens ist die größere Erdverbundenheit, die Sie damit erreichen.[8]

2. Übung (»Cross Crawl«)

Sie heben das rechte Bein wie zum Hüpfen und berühren mit der linken Hand das rechte Knie, dann heben Sie das linke Bein und berühren mit der rechten Hand das linke Knie. Sie können diese Übung wie einen übertriebenen Stechschritt ausüben oder nach Ihrer Lieblingsmusik durch den Raum hüpfen. Egal, wichtig ist nur die Überkreuzbewegung, die für den Rechts-Links-Ausgleich wichtig ist.

3. Übung (»ESR – Emotional Stress release« = Emotionaler Stressabbau)

Diese Übung ist ideal zum Abbau von Spannungen und emotionalem Stress. Berühren Sie Ihre Stirnpunkte mit dem Daumen und dem Mittelfinger Ihrer linken Hand. Diese Punkte befinden sich auf Ihrer Stirn in etwa zweidrittel Höhe zwischen Augenbrauen und Haaransatz. Halten Sie die Punkte eine Weile mit sanftem Druck, bis sich die Pulse in ihnen synchronisieren oder Sie seufzen, gähnen oder das Gefühl haben, es ist genug. Das kann zwischen 30 Sekunden und fünf Minuten dauern. Während Sie die Stirnpunkte halten (oder sich von einer anderen Person halten lassen), gehen Sie alle Aspekte des Kränkungskonflikts in Gedanken durch oder sprechen Sie sie aus. Dann denken Sie daran, auf welche Weise Sie mit dieser Situation hätten umgehen wollen oder wie Sie sich gewünscht hätten, dass sich das Ereignis abgespielt hätte. Stellen Sie sich verschiedene Versionen vor oder sprechen Sie sie aus.[9]

Erdungsübungen

Unter anderem aus der Bioenergetik sind Übungen zur Stärkung der Erdung bekannt. Das bedeutet, dass Sie Ihren Stand verbessern, indem Sie beide Füße gleichmäßig belasten und zugleich den Kontakt zum Boden verstärken. Je fester Sie auf dem Boden stehen, umso fester ist Ihr »Standpunkt« und umso weniger laufen Sie Gefahr, umgeworfen zu werden oder aus dem Gleichgewicht zu geraten.

Es gibt eine ganze Reihe von Übungen, die Erdung zu intensivieren. Drei, die Sie unbedenklich allein durchführen können, möchte ich Ihnen aufzeigen:

1. Übung:
Hüpfen Sie bewusst auf der Stelle oder quer durch das Zimmer, seien Sie elastisch wie ein Gummiball, schütteln Sie Ihre Beine aus und hüpfen Sie weiter. Dadurch regen Sie die Blutzirkulation Ihrer Beine an. Dann stellen Sie sich ruhig hin und spüren in Ihre Beine und Ihre Füße. Bleiben Sie dabei locker in den Knien. Sie werden merken, dass sie sich nicht nur wärmer anfühlen, sondern dass Sie sie auch deutlicher wahrnehmen. Konzentrieren Sie sich dann auf Ihre Fußsohlen und den Boden. Können Sie spüren, wie Ihre Füße den Boden berühren, dass sie auf dem Boden aufliegen und vom Boden sicher getragen werden? Bewegen Sie Ihre Zehen und Füße leicht, um dieses Erleben zu verstärken. Verlagern Sie einmal das Gewicht mehr auf den rechten Fuß, dann auf den linken, dann stehen Sie wieder auf beiden Füßen »gleichgewichtig«.

2. Übung:
Nun stellen Sie sich vor, aus Ihren Füßen wachsen Wurzeln in den Boden, wie bei einem Baum oder einer Blume. Diese

Wurzeln breiten sich aus und geben Ihnen Standfestigkeit und Halt, sie »verwurzeln« Sie im Leben.

Es kann sein, dass Sie am Anfang nur schwer eine Vorstellung von Wurzeln entwickeln können, aber mit der Zeit wird es immer leichter. Sie können diese Übung überall und immer machen, in der U-Bahn, beim Warten auf den Bus, im Supermarkt und so weiter.

3. Übung:
Gehen Sie ganz langsam und bewegen Sie Ihre Füße bewusst über den Boden. Spüren Sie, wie Sie den einen Fuß abrollen und aufsetzen und dann den anderen und so fort. Dieses bewusste Gehen verstärkt Ihre Achtsamkeit für Ihre Bewegungen und Sie selbst und erhöht Ihre Bewusstheit für die Verbindung zur Erde.

Erste-Hilfe-Koffer

Auf meine Frage, was sie in Kränkungssituationen brauchte, um besser mit ihnen umgehen zu können, sagte eine Seminarteilnehmerin: »Ich brauche einen Erste-Hilfe-Koffer, den ich immer dabei habe.« Mir gefällt dieser Ausdruck und der Gedanke, der dahinter steht, sehr gut. Denn er bedeutet, ein Handwerkszeug zu besitzen, mit dem wir »in der Not« der aktuellen Kränkung gleich etwas unternehmen können, das uns wieder ins Gleichgewicht bringt. So wie ein Verband oder ein Pflaster die erste Hilfe bei Verletzungen sind.

Wenn Sie sich in einer aktuellen Kränkungssituation befinden, und diese nicht nach Ihrem alten Schema ablaufen lassen wollen, sondern sich die Möglichkeit eröffnen, so konstruktiv wie möglich mit ihr umzugehen, dann beachten Sie folgende Punkte:

Eingeständnis der Kränkung
Nehmen Sie wahr, dass Sie sich durch die andere Person im Moment gekränkt fühlen, da Sie sich abgelehnt oder zurückgewiesen fühlen.

Distanz
Den Ausstieg aus der Kränkungsreaktion schaffen Sie, indem Sie Distanz zur Situation und Ihrem Gegenüber herstellen. Treten Sie einen Schritt zurück und betrachten Sie den Konflikt von außen. Entweder indem Sie sich räumlich entfernen oder indem Sie in der Situation mehr Bewusstsein für das aktuelle Geschehen entwickeln.

Dadurch müssen Sie die Beziehung nicht völlig abbrechen, sondern können nach einer gewissen Zeit wieder zurückkehren und den Konflikt im Kontakt lösen.

Kontakt zu sich selbst herstellen
In der Distanz können Sie wieder den Kontakt zu sich finden, der in der Kränkungssituation zeitweise verloren geht. Indem Sie anfangen nachzudenken, was eigentlich gerade im Moment passiert und spüren, welche Gefühle Sie haben und welche Bedürfnisse nicht erfüllt wurden, können Sie die Kränkung leichter überwinden.

Den Körper spüren
Die Überwindung der Kränkungsreaktion wird durch einen bewussten Zugang zu unserem Körper unterstützt, der in der Kränkung eingeschränkt ist. Bewusstes Atmen und Bewegung sind dabei die effektivsten Wege, um sich zu lockern, Spannungen abzubauen und sich zu unterstützen.

Ehrlichkeit
Gestehen Sie sich ein, dass Sie so sind, wie Sie sind. Machen Sie sich nicht anders als Sie sind, sondern zeigen Sie sich in einer vertrauensvollen Umgebung mit Ihren Verletzungen und Gefühlen.

Vielleicht sind Sie nie so souverän, wie Sie erscheinen möchten, aber das Ziel können Sie haben. Sie folgen Ihrem Ideal nach dem Motto: »Ideale sind wie Sterne: Man kann sie nicht erreichen, aber man kann sich an ihnen orientieren.«

Sie sind kein Opfer
Sie sind nicht das Opfer, und der Kränkende ist nicht der Täter. In der Regel haben Sie die Möglichkeit, aktiv einzugreifen und zu entscheiden, wie Sie auf die Kränkung reagieren wollen.

Nicht alles persönlich nehmen
Sie müssen nicht alles, was andere tun oder sagen, negativ auf sich beziehen. Oft hat es nämlich mehr mit dem anderen zu tun als mit Ihnen. Lassen Sie die Probleme beim Gegenüber und machen Sie sie nicht zu Ihren eigenen. Sie müssen die Entwertung nicht annehmen.

Verantwortung übernehmen
Überlegen Sie, was Ihr Anteil an dem Kränkungskonflikt ist und geben Sie das auch offen zu. Sie haben ebenso wie Ihr kränkendes Gegenüber eine Verantwortung dafür, wie es Ihnen geht und wie Sie in dem Konflikt mit sich und dem anderen umgehen. Schuldzuweisungen bedeuten dagegen, die Verantwortung von sich zu weisen und dem anderen zu übertragen.

Konstruktiv denken
Da in Kränkungssituationen das problemlösende Denken teilweise eingetrübt ist, wird auch das Verhalten dementsprechend »kopflos« ausfallen. Wenn Sie sich aber bewusst dazu entscheiden, erst zu handeln, nachdem Sie sich die aktuelle Kränkung bewusst gemacht haben, können Sie Ihr Verhalten Ihren Gefühlen und unbefriedigten Bedürfnissen anpassen.

Folgende Fragen können Ihnen dabei helfen: Sind Sie aus Eitelkeit gekränkt oder trifft es tiefer? Was überwiegt, die Verletzung oder die Sympathie für den anderen? Nehmen Sie sich zu wichtig? Was ist Ihr Anteil an der Kränkung? Versuchen Sie, von Ihrem hohen Ross herunterzusteigen und das Ganze offen zu betrachten.[10]

Die Destruktivität unterbinden
Vermeiden Sie destruktives, verletzendes Verhalten wie beispielsweise den anderen abzuwerten, »niederzumachen«, zu verurteilen, anzugreifen, schlecht zu machen, ihm Böses zu unterstellen oder auch gewalttätig anzugehen. Sie verlieren durch Ihre Destruktivität vielleicht einen Menschen, der Ihnen bisher viel bedeutet hat, sonst würden Sie nicht so heftig reagieren. Überlegen Sie lieber, was Sie von ihr/ihm brauchen und wie Sie den Kontakt zu ihr/ihm wiederfinden können.

Lassen Sie sich und den anderen in Ordnung sein
Wenn Sie wenigstens ansatzweise fühlen können, dass Sie im Grunde in Ordnung sind, egal wie Sie jemand behandelt, dann können Sie Ihr Selbstwertgefühl nach einer Kränkung schneller wieder ins Lot bringen. Dasselbe gilt für Ihr Gegenüber. Statt sie/ihn abzuwerten, lassen Sie sie/ihn in Ordnung sein, nur dann werden Sie wieder einen Weg zu

ihr/ihm finden. Ansonsten wird die Beziehung leiden oder sogar zerbrechen.

Entdramatisieren
Versuchen Sie, den Konflikt nicht zu dramatisieren, sondern fragen Sie sich, was »eigentlich« so schlimm ist? Was ist das »eigentliche« Problem an der aktuellen Kränkung? Wie können Sie sich helfen oder durch andere Unterstützung bekommen?

Sie erleben den aktuellen Kränkungskonflikt in der Regel sehr viel einschneidender und bedrohlicher, als er sich nach einiger Zeit darstellt. Das hat mit den Themen Ihres »wunden Punktes« zu tun, die durch die Kränkung aktiviert werden. Der aktuelle Anlass kann im Vergleich dazu relativ unbedeutend sein.

Das Kränkungsthema herausfinden
In der Kränkungsreaktion geht es häufig weniger um den aktuellen Konflikt, sondern mehr um den persönlichen Hintergrund, mit dem Sie darauf reagieren. Finden Sie sich zu dick, kann die Bemerkung »du hast zugenommen« wie eine Beleidigung klingen, auf die Sie gekränkt reagieren. Finden Sie sich dagegen schön, überhören Sie den Satz vielleicht oder reagieren sachlich auf ihn. Je mehr Sie um Ihre Themen wissen, die bei Ihnen »wunde Punkte« berühren, umso weniger müssen Sie gekränkt darauf reagieren und umso größer ist die Chance, dass die »wunden Punkte« heilen.

Perspektivenwechsel
Betrachten Sie den aktuellen Kränkungskonflikt aus verschiedenen Blickwinkeln und Sie werden möglicherweise Unterschiedliches wahrnehmen. Gehen Sie um ihn herum wie um eine Statue und finden Sie dadurch mögliche Alternativen, ihn anders wahrzunehmen.

Therapeutische Hilfe
Wenn Sie spüren, dass Ihnen all das Bewusstsein über Kränkungen und deren Überwindung nichts hilft und Sie weiterhin stark unter ihnen leiden oder es Ihnen sogar immer schlechter geht, dann holen Sie sich professionelle Hilfe.[11]

Humor
Auch der Humor ist in Kränkungssituationen oft eine wunderbare Lösung. Warum nicht die Kränkung mit Humor und Leichtigkeit nehmen, das nimmt viel von der Spannung und Dramatik und führt eher zur Lösung. Wenn Sie über sich lachen können, entlassen Sie sich und den anderen aus der Entwertung und werden versöhnlicher.

Versöhnung
In der Kränkungssituation sind Sie in hohem Maße unversöhnlich und wollen vielleicht sogar bewusst Rache nehmen. Fragen Sie sich, warum Sie sich dafür entscheiden und was Sie daran hindert, sich dem anderen versöhnlich zuzuwenden? Sollte es unüberwindliche Hindernisse geben, trennen Sie sich und finden Sie einen Weg, Ihre Kränkungswut zu überwinden und in Frieden zu kommen. Auch dazu kann Therapie eine Hilfe sein.

Ziel: Geschützte Offenheit
Sie müssen sich nicht verschließen, um nicht verletzt zu werden, sondern können sich öffnen und zugleich schützen. Das tun Sie, indem Sie in Kontakt mit sich bleiben, Ihre Grenzen wahrnehmen, spüren, was Sie brauchen und was Sie wollen, Ihre Gefühle ernst nehmen und die Achtung für sich und den anderen aufrechterhalten.

Die Selbstachtung erhöhen
Da Kränkungen immer mit Entwertung und Minderwertigkeitsgefühlen verbunden sind, ist es wichtig, dass Sie aktiv den Zugang zu Ihrer Selbstachtung herstellen. Ausstieg aus der Kränkung bedeutet, dass Sie Ihre »echten« Gefühle spüren und in Kontakt mit Ihren Bedürfnissen, Ihrer Lebensenergie und Selbstsicherheit kommen. Wenn Sie sich selber achten, werden Sie weniger angreifbar für Kränkungen.

Sollten Ihnen noch weitere wichtige Utensilien für Ihren Erste-Hilfe-Koffer einfallen, dann notieren Sie diese hier:

Versöhnung

Unter dem Titel »Verzeihen: Die doppelte Wohltat«[12] fand ich meine Gedanken zur Überwindung von Kränkung durch Versöhnung bestätigt. Reinhard Tausch schreibt: »Nur selten wird die Möglichkeit gesehen, durch Vergeben seelische Schmerzen vermindern zu können. ... Ich habe immer wieder in Gruppengesprächen erlebt, dass Menschen Jahre, ja ihr Leben lang nicht verzeihen können. Sie selbst tragen schwer an den seelischen Wunden, die ihnen ihrem Erleben nach zugefügt worden sind. Diese Wunden heilen nicht, weil der Hass immer wieder in ihnen aufflammt. Ich denke, es ist wichtig, auch die kleinen Verletzungen des Alltags zu verzeihen, damit wir innerlich heil bleiben.«

Versöhnung dient nicht nur dazu, die Beziehung zum anderen zu erhalten oder wiederherzustellen, sondern sie dient auch unserem inneren Frieden. Solange wir in quälenden Gefühlen von Hass, Verachtung oder Ablehnung an einen anderen Menschen gebunden sind, schaffen wir ein ungesundes Klima. Immer wieder treffe ich Menschen, die mit ihren Eltern oder einem Elternteil in Streit leben oder sogar den Kontakt zueinander völlig abgebrochen haben. Sobald sie darüber sprechen, fällt auf, wie viel Trauer und Verzweiflung oft mit einer solchen Situation verbunden ist, auch wenn dieser Zustand die einzige Folge der unüberwindlichen Probleme zu sein scheint. Der Zwist oder Bruch mit den Eltern ist emotional wesentlich schwerer zu verkraften als mit anderen Personen, weil diese Beziehung eine besondere Bindung beinhaltet. Durch sie sind wir am Leben und an sie bindet uns unsere kindliche Liebe, so sehr wir sie im Erwachsenenalter auch verloren haben mögen. Können wir diese Liebe spüren, trotz aller Probleme, die die Beziehung auszeichnet, dann stärkt sie uns und kann die Liebe zu uns selbst wecken. Welch ein Glück für Menschen, wenn sie sich noch vor dem Tod mit ihren Eltern aussöhnen können. Dazu gehört, dass sie das erlittene Unrecht ansprechen, die Sicht der Eltern anhören, deren Situation und Hintergrund verstehen und zugleich wahrnehmen, was sie als Kind, Jugendliche und Erwachsene von ihren Eltern bekommen haben. Und das ist meist mehr, als im Hass gespürt wird.

»Vergeben bedeutet ein Ent-Schuldigen, die Befreiung eines anderen von seiner Schuld«, schreibt Tausch. Dazu müssen wir jedoch bereit sein. Oft hindern uns unsere Kränkungsgefühle wie Hass, Racheimpulse oder Anklagen am Verzeihen, aber auch unser Stolz und die Angst, klein beizugeben und erneut erniedrigt zu werden. Dadurch sind wir weder mit unserer Selbstachtung verbunden noch mit der Achtung vor dem anderen. Denn wirkliche Versöhnung kann nur aus unseren »echten« Gefühlen heraus geschehen, wenn wir bereit sind, die Kränkung und die mit ihr verbundenen Kränkungsgefühle zu überwinden und uns wohlwollend dem anderen anzunähern. Verzeihen beinhaltet, aus dem Hass zur Liebe zu finden, sowohl zu dem anderen als auch zu uns selbst. Gekränktsein und Schuldzuweisungen machen uns innerlich eng und einsam, verzeihen dagegen weit und verbunden mit dem anderen.

Was können Sie tun, wenn die Menschen, denen Sie verzeihen möchten, nicht mehr erreichbar sind, weil sie weggezogen, gestorben oder zu keinem Gespräch bereit sind? Sie können den Prozess des Vergebens für sich allein durchführen und dadurch in Frieden kommen. Verzeihen ist nicht daran gebunden, mit dem anderen über das erlittene Leid zu sprechen, denn verzeihen geschieht vorwiegend in Ihnen selbst. Hilfreich auf diesem Weg ist das Schreiben eines fiktiven Briefes an den Menschen, dem Sie verzeihen möchten. Drücken Sie darin alles aus, was Sie ihr oder ihm sagen möchten: was Ihnen wehgetan hat, was Sie vermisst haben, was Sie sich gewünscht hätten und wie Sie gelitten haben. Denken Sie ebenso daran, was Sie neben all dem bekommen haben und danken Sie dafür. Beschreiben Sie auch Ihren eigenen Anteil an dem Konflikt, beispielsweise dass Sie sich unfair verhalten haben, und bitten Sie Ihrerseits um Entschuldigung. Abschicken brauchen Sie diesen Brief nicht, denn er hat keine andere Adresse als Ihre eigene. Es ist ein Brief, den Sie nur »im Geiste« an den anderen richten, im Wesentlichen aber an sich selbst.

Die Freude und Erleichterung, das Glück und den Frieden, die Entspannung und die Hoffnung, die Sie durch die Versöhnung spüren, wird auch der oder dem anderen zuteil, mit der oder dem Sie sich versöhnt haben. Sie stiften dadurch nicht nur in sich, sondern auch in den anderen Frieden. Im christlichen Vaterunser heißt es: »... und vergib uns unsere Schuld, wie auch wir vergeben unseren Schuldigern«.

Die spirituelle Dimension für die Überwindung von Kränkung

Gerade oder auch im Zusammenhang mit Kränkungen geht es immer wieder um die Frage: Wie finden Menschen zu einem friedvollen Verhältnis zu sich selbst und anderen Menschen? Kränkungen sind ein Prototyp für Störungen in Beziehungen zwischen Menschen und dem Unfrieden in den Menschen selbst. In der Kränkung brechen wir nicht nur den Kontakt zu dem oder den anderen ab, sondern auch zu uns selbst. Wir verlieren den inneren Zusammenhalt und fühlen uns nicht mehr eins mit uns, sondern gespalten oder zerrissen. Im Kränkungsmodell habe ich diesen Sachverhalt auf der psychologischen Ebene erklärt.

Durch diese innere Gespaltenheit trennen wir uns von unserer Lebendigkeit ebenso ab wie von unserer Liebe für uns und die anderen. Wir meinen, nicht mehr dazuzugehören oder wollen es vielleicht auch ganz bewusst nicht mehr. Wir verlieren zumindest vorübergehend das persönliche Erleben von Sinn in unserem Leben.

So verstehe ich auch Gottfried Hutter, wenn er über kranke Menschen schreibt als die, »die ein schweres persönliches Schicksal zu tragen hatten, dass sie oft schwer beleidigt und verletzt worden waren. Und dass sie durch diese Verletzungen und Kränkungen den Glauben verloren hatten an die Kraft ihres Wesens, an den › ich bin, der ich bin ‹, an JAHWE.«[13]

Der Verlust unseres eigenen Wesens in der Kränkung ist die eigentliche Wunde. Verlieren wir uns, verlieren wir auch unsere Selbstannahme und unser Menschsein. Dieses Menschsein, das Verständnis hat für menschliche Schwächen und sogar für die Schuld. Durch dieses Verständnis heilen Menschen, weil sie sich in ihrer Tiefe akzeptiert und angenommen fühlen und dadurch bei sich, zu Hause, ankommen. Dieses tiefe Verständnis, diese bedingungslose Annahme suchen wir oft in anderen, doch finden werden wir sie nur, wenn sie auch in uns wächst. Dann treten wir wieder mit unserer eigenen, göttlichen Natur in Verbindung.

Die Wege dahin sind vielfältig, und Religionen weisen diese Wege wie auch andere geistig spirituelle Lehren und Praktiken.

Wenn ich in Seminaren frage, was Menschen tun, um sich zu akzeptieren und mit sich eins zu fühlen, dann nennen sie unter anderem: sich freundlich im Spiegel anschauen, wohlwollend mit sich sprechen und sich gut behandeln, auch körperlich. Sie suchen die Natur auf, mit der sie eins werden oder finden sich in der Meditation. Auch Engel als Begleiter spielen eine große Rolle. Sie symbolisieren die schützende Begleitung und die Verbindung zu guten geistigen Kräften, die uns zuwachsen mögen, um uns zu stärken.

Wenn Kränkung zu Sinnentleerung führt, dann hilft zu ihrer Überwindung der heilende Einfluss spiritueller Sinnfindung.

> Nicht müde werden
> sondern dem Wunder
> leise
> wie einem Vogel
> die Hand hinhalten.
>
> *Hilde Domin*

Anmerkungen

Veränderung ist möglich

1 Beck 1986, S. 33
2 Siehe Wardetzki, *Ohrfeige für die Seele*, S. 210 ff
3 Natürlich geht es auch um neue Erfahrungen auf dem geistig-spirituellen Gebiet, aber das kann ich im Rahmen dieses Übungsbuches nicht näher ausführen.
4 Siehe Wardetzki, *Ohrfeige für die Seele*
5 Eidenschink 1992, S. 39
6 Beisser 1995, S. 6
7 Bock, S. 25
8 Perls 1974
9 Ders.
10 Beisser 1995, S. 7
11 Ders., S. 8

Erleben von Alltagskränkungen

1 Zu der Bedeutung der Begriffe Opfer und Täter im psychologischen Sinn siehe Kapitel 3, Seite 128
2 In Anlehnung an Zander, S. 16
3 Watzlawick 1983, *Anleitung zum Unglücklichsein*, S. 37
4 Ders., S. 38
5 Aggression (von lat. aggredi) hat vom Ursprung her sowohl die Bedeutung von heranschreiten, sich wenden an, sich anschicken

und beginnen, als auch im feindlichen Sinne von angreifen, überfallen, verfolgen. Nicht jede Aggression ist daher gewaltsam.
6 Narzisstisch bedeutet, die Selbstliebe, das Selbstwertgefühl betreffend.
7 Eine ausführliche Beschreibung der narzisstischen Persönlichkeitsdynamik und wie sie erlebt wird, finden Sie in meinem Buch *Weiblicher Nurzissmus*.

Überwindung von Kränkungen

1 Süddeutsche Zeitung Magazin Nr. 42 vom 20.10.2000, S. 31
2 Rogoll 1982
3 Siehe Kapitel »Erleben von Alltagskränkungen«, S. 77
4 Siehe auch Christiani 2000, S. 81
5 Thich Nhat Hanh 1995, S. 22
6 ders. S. 26
7 MCs von Schwester Chan Thuan Nghiem und Thich Nhat Hanh
8 Die Bilder sind angelehnt an die Abbildungen in *Touch For Health Kurs*-Begleitbuch.
9 Diese Beschreibung folgt den Anweisungen aus dem Begleitbuch für TFH, S. 46/47
10 Zitiert in Anlehnung an Tausch 1993, S. 23
11 Lebensweisheit zit.n. Peseschkian 2000, S. 39
12 *Psychologie heute* 4/1993, S. 20 ff
13 Hutter 1994

Literatur

Beck, Aaron T. u.a.: *Kognitive Therapie der Depression*. Urban und Schwarzenberg Verlag, München 1986
Beck, Aaron T./Freeman, Arthur: *Kognitive Therapie der Persönlichkeitsstörungen*. Beltz Verlag, Weinheim 1993
Beisser, Arnold: *Die paradoxe Theorie der Veränderung*. Gestalt Publikationen Heft 18, Zentrum für Gestalttherapie, Würzburg 1995
Blankertz, Stefan: *Besser klarkommen. Glücklich werden, ohne sich etwas vorzumachen*. Klartext Verlag, Essen 2000
Bock, Werner: *Kommentar zu Arnold Beissers »paradoxer Theorie der Veränderung«*. In: Beisser, Arnold: *Die paradoxe Theorie der Veränderung*. a.a.O., S. 19-26
Christiani, Alexander: *Weck den Sieger in dir! In 7 Schritten zu dauerhafter Selbstmotivation*. Gabler Verlag, Wiesbaden 2000
Dytchwald, Ken: *Körperbewusstsein. Eine Synthese der östlichen & westlichen Wege zur Selbst-Wahrnehmung, Gesundheit & persönlichem Wachstum*. Synthesis Verlag, Essen 1985
Eidenschink, Klaus und Heidi: *»Du darfst so bleiben wie du bist« Zur therapeutischen Haltung und der Paradoxie der Veränderung*. In: Gestalttherapie 1, 1992, Edition humanistische Psychologie, Köln
Hutter, Gottfried: *Auferstehung vor dem Tod. Therapeutisch arbeiten mit biblischen Texten*. Kösel Verlag, München 1994
Perls, Frederick S.: *Gestalt-Therapie in Aktion*. Klett Cotta, Stuttgart 1974
Peseschkian, Nossrat: *Steter Tropfen höhlt den Stein. Mikrotraumen – Das Drama der kleinen Verletzungen*. Pattloch Verlag, München 2000
Rogoll, Rüdiger: *Nimm dich, wie du bist. Eine Einführung in die Transaktionsanalyse*. Herder, Freiburg 1982

Schwester Chan, Thuan Nghiem: *Geleitete Körpermeditation.* MC. Auditorium Verlag, Schwarzach 1997

Stauss, Konrad: *Zur spirituellen Dimension der Erkrankung.* Sonderdruck aus Saarbrücker Universitätsreden 29/1988

Tausch, Reinhard: *Verzeihen: Die doppelte Wohltat.* In: Psychologie heute, April 1993, S. 20-26

Thich Nhat Hanh: *Ein Lotus erblüht im Herzen. Die Kunst des achtsamen Lebens.* Goldmann Verlag, München 1995

Thich Nhat Hanh: *Das Leben tief berühren.* MC. Auditorium Verlag, Schwarzach 2000

Thie, John F.: *Touch For Health.* Begleitbuch zum Kurs I. Herausgeber: IKZ, Institut für Kinesiologie, Zürich. Yin Yang Verlag, Zürich 1997

Wardetzki, Bärbel: *Weiblicher Narzissmus – Der Hunger nach Anerkennung.* Kösel Verlag, München 1991

Wardetzki, Bärbel: *Ohrfeige für die Seele. Wie wir mit Kränkung und Zurückweisung besser umgehen können.* Kösel Verlag, München 2000

Watzlawick, Paul: *Anleitung zum Unglücklichsein.* Piper Verlag, München 1983

Zander, Wolfgang: *Überlegungen eines Psychoanalytikers zum Problem der Kränkung.* In: *Wege zum Menschen.* 35. Jahrgang, Heft 1, S. 14-20, Vandenhoeck & Ruprecht, Göttingen 1983

Bärbel Wardetzki
bei Kösel

Der Klassiker zum Thema »Weiblicher Narzissmus«.

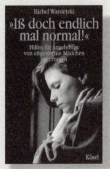

»Iß DOCH ENDLICH MAL NORMAL!«
Hilfen für Angehörige von eßgestörten Mädchen und Frauen
246 Seiten. Gebunden
ISBN 3-466-30406-7

WEIBLICHER NARZIßMUS
Der Hunger nach Anerkennung
269 Seiten. Kartoniert
12. Auflage
ISBN 3-466-30320-6

Ein Buch v.a. für Eltern und Partner.

Einfach lebendig.
PSYCHOLOGIE UND LEBENSHILFE

Kränkungen fühlen sich wie eine Ohrfeige für die Seele an und berühren direkt unser Selbstwertgefühl. In diesem Buch werden die psychologischen Hintergründe und Wege der Verarbeitung aufgezeigt.

OHRFEIGE FÜR DIE SEELE
Wie wir mit Kränkung und Zurückweisung besser umgehen können
217 Seiten.
Klappenbroschur
ISBN 3-466-30517-9

Kösel-Verlag, München, e-mail: info@koesel.de
Besuchen Sie uns im Internet: www.koesel.de

Den *Platz* im Leben *finden*

Victor Chu
DIE KUNST, ERWACHSEN ZU SEIN
Wie wir uns von den Fesseln der
Kindheit lösen
ca. 216 Seiten. Kartoniert
ISBN 3-466-30553-5

Viele Menschen sind auch im Erwachsenenalter noch nicht »richtig« erwachsen, indem es ihnen schwer fällt, Verantwortung für ihr Leben zu übernehmen. Die Gründe hierfür liegen häufig in der Kindheit, in der sie abgelehnt, allein gelassen oder auch zu sehr idealisiert wurden.

Victor Chu zeigt anhand vieler Beispiele, welche Folgen diese familiären Verstrickungen haben und welche Lösungen sich insbesondere aus einer Familienaufstellung ergeben.

Einfach lebendig.
PSYCHOLOGIE & LEBENSHILFE

Kösel-Verlag, München, e-mail: info@koesel.de
Besuchen Sie uns im Internet: www.koesel.de